THÉATRE COMPLET

DE

ALEX. DUMAS

XII

MONTE-CRISTO (PREMIÈRE PARTIE)
MONTE-CRISTO (2ᵉ PARTIE)

NOUVELLE ÉDITION

PARIS

CALMANN LÉVY, ÉDITEUR
ANCIENNE MAISON MICHEL LÉVY, FRÈRES
3, RUE AUBER, 3
—
1883
Droits de reproduction et de traduction réservés

ŒUVRES COMPLÈTES

D'ALEXANDRE DUMAS

THÉATRE

XII

ŒUVRES COMPLÈTES D'ALEXANDRE DUMAS
PUBLIÉES DANS LA COLLECTION MICHEL LÉVY

Titre	Vol.
Acté	1
Amaury	1
Ange Pitou	2
Ascanio	2
Une Aventure d'amour	1
Aventures de John Davys	2
Les Baleiniers	2
Le Bâtard de Mauléon	3
Black	1
Les Blancs et les Bleus	3
La Bouillie de la comtesse Berthe	1
La Boule de neige	1
Bric-à-Brac	1
Un Cadet de famille	3
Le Capitaine Pamphile	1
Le Capitaine Paul	1
Le Capitaine Rhino	1
Le Capitaine Richard	1
Catherine Blum	1
Causeries	2
Cécile	1
Charles le Téméraire	2
Le Chasseur de Sauvagine	1
Le Château d'Eppstein	2
Le Chevalier d'Harmental	2
Le Chevalier de Maison-Rouge	2
Le Collier de la reine	3
La Colombe. — Maître Adam le Calabrais	1
Les Compagnons de Jéhu	3
Le Comte de Monte-Cristo	6
La Comtesse de Charny	6
La Comtesse de Salisbury	2
Les Confessions de la marquise	2
Conscience l'Innocent	1
Création et Rédemption. — Le Docteur mystérieux	2
— La Fille du Marquis	2
La Dame de Monsoreau	3
La Dame de Volupté	2
Les Deux Diane	3
Les Deux Reines	2
Dieu dispose	2
Le Drame de 93	3
Les Drames de la mer	1
Les Drames galants. — La Marquise d'Escoman	2
Emma Lyonna	5
La Femme au collier de velours	1
Fernande	1
Une Fille du régent	1
Filles, Lorettes et Courtisanes	1
Le Fils du forçat	1
Les Frères corses	1
Gabriel Lambert	1
Les Garibaldiens	1
Gaule et France	1
Georges	1
Un Gil Blas en Californie	1
Les Grands Hommes en robe de chambre: César	2
— Henri IV, Louis XIII, Richelieu	2
La Guerre des femmes	2
Hist. de mes bêtes	1
Histoire d'un casse-noisette	1
L'Homme aux contes	1
Les Hommes de fer	1
L'Horoscope	1
L'Ile de Feu	2
Impressions de voyage: En Suisse	3
— Une Année à Florence	1
— L'Arabie Heureuse	3
— Les Bords du Rhin	2
— Le Capit. Arena	1
— Le Caucase	3
— Le Corricolo	2
— Le Midi de la France	2
— De Paris à Cadix	2
— Quinze jours au Sinaï	1
— En Russie	4
— Le Speronare	2
— Le Véloce	2
— La Villa Palmieri	1
Ingénue	2
Isaac Laquedem	2
Isabel de Bavière	2
Italiens et Flamands	2
Ivanhoe de Walter Scott (traduction)	2
Jacques Ortis	1
Jacquot sans Oreilles	1
Jane	1
Jehanne la Pucelle	1
Louis XIV et son Siècle	4
Louis XV et sa Cour	2
Louis XVI et la Révolution	2
Les Louves de Machecoul	3
Madame de Chamblay	2
La Maison de glace	2
Le Maître d'armes	1
Les Mariages du père Olifus	1
Les Médicis	1
Mes Mémoires	10
Mémoires de Garibaldi	2
Mém. d'une aveugle	2
Mémoires d'un médecin : Balsamo	5
Le Meneur de loups	1
Les Mille et un Fantômes	2
Les Mohicans de Paris	4
Les Morts vont vite	2
Napoléon	1
Une Nuit à Florence	1
Olympe de Clèves	3
Le Page du duc de Savoie	2
Parisiens et Provinciaux	2
Le Pasteur d'Ashbourn	2
Pauline et Pascal Bruno	1
Un Pays inconnu	2
Le Père Gigogne	1
Le Père la Ruine	1
Le Prince des Voleurs	2
Princesse de Monaco	2
La Princesse Flora	1
Propos d'Art et de Cuisine	1
Les Quarante-Cinq	3
La Régence	1
La Reine Margot	2
Robin Hood le Proscrit	2
La Route de Varennes	1
Le Saltéador	1
Salvator (suite des Mohicans de Paris)	5
La San-Felice	4
Souvenirs d'Antony	1
Souvenirs dramatiques	2
Souvenirs d'une Favorite	4
Les Stuarts	1
Sultanetta	1
Sylvandire	1
Terreur prussienne	2
Le Testament de M. Chauvelin	1
Théâtre complet	25
Trois Maîtres	1
Les Trois Mousquetaires	2
Le Trou de l'enfer	1
La Tulipe noire	1
Le Vicomte de Bragelonne	6
La Vie au Désert	2
Une Vie d'artiste	1
Vingt Ans après	3

MONTE-CRISTO

(PREMIÈRE PARTIE)

DRAME EN CINQ ACTES, EN ONZE TABLEAUX

EN SOCIÉTÉ AVEC M. AUGUSTE MAQUET

Théâtre-Historique. — 3 février 1848.

DISTRIBUTION

EDMOND DANTÈS	MM.	Mélingue.
DANGLARS		Chéri.
DANTÈS père		Cullier.
MOREL, armateur		Saint-Léon.
PÉNÉLON, contre-maître		Barré.
CADEROUSSE, tailleur		Boutin.
VILLEFORT		Lacressonnière.
NOIRTIER, père de Villefort		Dupuis.
FERNAND MONDEGO		Georges.
FARIA		Bonnet.
ANTOINE, geôlier		Charles.
DE BAVILLE, inspecteur des prisons		Beaulieu.
Le Gouverneur		Peupin.
BERTUCCIO		Crette.
Un Agent		Lefèvre.
BAPTISTE		Alexandre.
Un Chef de douane		Paul.
Un Matelot		Désiré.
PAMPHILE, aubergiste		Liémance.
GERMAIN		Fleury.
MERCÉDÈS	Mmes	Lacressonnière.
LA CARCONTE		Person.
GRINGOLE, matelot		Hortense Jouve.
RENÉE DE SAINT-GÉRAN, femme de Villefort		Maillet.
MADAME D'ISTEL		Deval.
MADAME MOREL		Fontenay.
Une Femme de chambre		Betzy.

ACTE PREMIER

PREMIER TABLEAU

Le pont du *Pharaon*. — En perspective, le port de Marseille.

SCÈNE PREMIÈRE

EDMOND DANTÈS, PÉNÉLON, GRINGOLE, Matelots, puis le Chef de la Santé, Douaniers et **MOREL.**

EDMOND.

Chacun à son poste pour le mouillage!... C'est bien... La place me paraît bonne !

PÉNÉLON.

Dites donc, monsieur Dantés, sans vous commander....

EDMOND.

Qu'y a-t-il, mon bon Pénélon?

PÉNÉLON.

Regardez donc qui nous arrive là-bas, dans un canot.

EDMOND.

Ah! ah! c'est M. Morel, notre armateur.

PÉNÉLON.

Il ne perd pas de temps, le bourgeois !... Il vient avec la Santé.

EDMOND.

Dame, tu comprends, la chose en mérite la peine... Je suis sûr qu'il ne donnerait pas son bénéfice sur ce voyage-ci pour cinquante mille francs!

PÉNÉLON.

Cinquante mille francs?... Peste! c'est un joli denier !

GRINGOLE.

Je parie bien que mon bénéfice, à moi, sur ce voyage-ci, n'ira pas là... N'est-ce pas, maître Pénélon?

PÉNÉLON.

Tais-toi, Gringole.

EDMOND, commandant.

Range à carguer les voiles de hune, le foc et la brigantine!... Faites penaud... Que veux-tu, Gringole?

GRINGOLE.

Lieutenant, la Santé !

LE CHEF DE LA SANTÉ.

Holà ! du navire, d'où venez-vous ?

EDMOND.

De Smyrne, Syra, Naples et l'île d'Elbe.

LE CHEF.

Où avez-vous fait quarantaine ?

EDMOND.

A Syra.

LE CHEF.

Voyons vos papiers.

EDMOND.

Les voici. (Il met les papiers au bout d'une pince de fer.) Bonjour, monsieur Morel ! Après la visite, n'est-ce pas ?

MOREL.

Oui, oui ; bonjour, mon bon ami.

LE CHEF.

C'est bien, tout est en règle. Vous pouvez monter, messieurs de la douane.

MOREL.

Et moi ?

LE CHEF.

Vous aussi, monsieur Morel, et le premier même. A tout seigneur, tout honneur !

MOREL, entrant.

Bonjour, Edmond ; bonjour, mes amis... Où est M. Leclère ?... Mais qu'y a-t-il donc ? Le bâtiment a un air de tristesse qui m'inquiète.

EDMOND.

Ah ! c'est qu'il est arrivé un grand malheur, monsieur Morel !

MOREL.

Un grand malheur !... Vous m'effrayez ! Qu'y a-t-il donc ?

EDMOND.

A la hauteur de Civita-Vecchia, nous avons perdu le capitaine Leclère.

MOREL.

Notre pauvre capitaine !... Et comment ce malheur lui est-il arrivé, Edmond ? Serait-il tombé à la mer ?

EDMOND.

Non, monsieur; après trois jours d'horribles souffrances, une fièvre cérébrale l'a emporté.

MOREL.

Et comment donc ce malheur lui est-il arrivé?

EDMOND.

Mon Dieu, monsieur, de la façon la plus imprévue. Après une longue conversation avec le commandant du port, le capitaine Leclère quitta Naples fort agité... Au bout de vingt-quatre heures, la fièvre le prit; trois jours après, il était mort...

MOREL.

En vérité, c'est étrange!

EDMOND.

Ce malheur nous a consternés... La mort est terrible partout, mais plus encore, je crois, lorsqu'on est perdu dans l'immensité, et ballotté entre le ciel et l'eau!...

MOREL.

Vous lui avez fait les funérailles ordinaires?

EDMOND.

Oui, monsieur Morel; et il repose doucement, enveloppé dans son hamac, à la hauteur de l'Ile del Giglio, avec un boulet de trente-six aux pieds et un à la tête... Nous rapportons à sa veuve sa croix et son épée... C'était bien la peine de faire dix ans la guerre aux Anglais et trois fois le tour du monde pour en arriver à mourir dans son lit!

MOREL.

Que voulez-vous, mon cher Edmond! c'est triste, je le sais bien... Mais, enfin, nous sommes tous mortels, et il faut bien que les anciens fassent place aux nouveaux; sans cela, il n'y aurait pas d'avancement. Maintenant, Edmond, le chargement, voyons!

EDMOND.

Tenez, voici justement M. Danglars, votre comptable, qui sort de la cabine, et qui vous donnera là-dessus tous les renseignements que vous pouvez désirer... Quant à moi, monsieur Morel, avec votre permission, il faut que je veille au mouillage, et que je mette le navire en deuil...

MOREL.

Allez, mon ami, allez!...

(Edmond s'éloigne.)

SCÈNE II

MOREL, puis DANGLARS.

MOREL, à part, regardant Edmond.

Voilà un digne et honnête garçon ; aussi, si celui-là ne prospère pas, il n'y a pas de justice au ciel !

DANGLARS.

Eh bien, monsieur Morel, vous savez déjà le malheur?

MOREL.

Hélas ! oui, monsieur Danglars, le capitaine Léclère est mort !...

DANGLARS.

Malheur irréparable, monsieur, c'est le mot ; car où retrouverez-vous son pareil ?... Un marin vieilli comme lui entre le ciel et l'eau, ainsi qu'il convient à un homme chargé des intérêts d'une maison aussi importante que la vôtre !

MOREL.

Je crois, Danglars, que vous exagérez, non pas la perte que nous avons faite, mais la difficulté que nous aurons à la réparer. Il n'est pas besoin d'être aussi vieux marin que vous le dites pour connaître son métier, et voilà Dantès qui fait le sien en homme qui n'a besoin de demander conseil à personne.

DANGLARS, avec humeur.

Oui, oui, c'est jeune ; ce qui fait que cela ne doute de rien... Aussi, à peine le capitaine Leclère a-t-il été mort, qu'il a pris le commandement du *Pharaon,* et qu'il nous a fait perdre un jour et demi à l'île d'Elbe, au lieu de revenir directement à Marseille.

MOREL.

Quant à prendre le commandement du navire, c'était son devoir comme second, et il a eu raison sur ce point. Mais, quant à perdre un jour et demi à l'île d'Elbe, il a eu tort, à moins que le bâtiment n'eût besoin de réparations...

DANGLARS.

Le navire se portait comme je me porte, et comme je désire que vous vous portiez, monsieur Morel... Et cette journée et demie a été perdue par pur caprice, pour le plaisir d'aller à terre !

MOREL.

Vous êtes sûr?...

DANGLARS.

Pardieu !

MOREL, se retournant.

Dantès ! Venez donc, je vous prie...

EDMOND.

Pardon, monsieur Morel, je suis à vous dans un moment. (Ordonnant.) Abaissez la flamme à mi-mât... Mettez le pavillon en berne... Croisez les vergues !...

DANGLARS.

Vous voyez, il se croit déjà capitaine, ma parole d'honneur !

MOREL.

Il l'est de fait.

DANGLARS.

Oui, sauf votre signature, monsieur Morel.

MOREL.

Dame, pourquoi ne le laisserais-je pas à ce poste?... Il est jeune, je le sais bien ; mais, malgré sa jeunesse, il me paraît fort expérimenté dans son état.

DANGLARS.

Vous trouvez?...

SCÈNE III.

Les Mêmes, EDMOND.

EDMOND.

La ! maintenant que le navire est mouillé, me voici tout à vous... Vous m'avez appelé, je crois?

MOREL.

Oui, mon ami ; je voulais vous demander pourquoi vous vous êtes arrêté à l'île d'Elbe.

EDMOND.

Je l'ignore moi-même, monsieur...

MOREL.

Comment, vous l'ignorez?...

EDMOND.

Oui ; c'était pour accomplir une dernière recommandation

du capitaine Leclère, qui, en mourant, m'avait remis un paquet pour le grand maréchal.

MOREL.

L'avez-vous donc vu, Edmond?

EDMOND.

Qui?

MOREL.

Le grand maréchal.

EDMOND.

Oui.

MOREL.

Chut! Et comment va l'empereur?

EDMOND.

Bien, monsieur, autant que j'ai pu en juger par mes yeux.

MOREL.

Vous avez donc vu l'empereur aussi?

EDMOND.

Il est entré chez le maréchal pendant que j'y étais.

MOREL.

Et vous lui avez parlé, Dantès?

EDMOND.

C'est-à-dire que c'est lui qui m'a parlé, monsieur.

MOREL.

Que vous a-t-il dit?

EDMOND.

Il m'a fait des questions sur le bâtiment, sur l'époque de son départ pour Marseille, sur la route qu'il avait suivie et la cargaison qu'il portait... Je crois que, s'il eût été vide, et que j'eusse été le maître de ce navire, son intention était de l'acheter... Mais je lui ai dit que je n'étais que le simple second, et que le bâtiment était aux MM. Morel, de Marseille. « Ah! ah! les Morel, a-t-il dit, je connais cela : ils sont armateurs de père en fils, et il y avait un Morel qui servait dans le même régiment que moi, tandis que j'étais en garnison à Valence. »

MOREL.

C'est pardieu vrai, Dantès!... Ce Morel-là, c'était mon oncle Policar, qui est devenu capitaine... Edmond, vous direz à mon oncle que l'empereur s'est souvenu de lui, et vous le verrez pleurer, le vieux grognard... Allons, allons, vous avez bien fait de suivre les intentions du capitaine Leclère. Mais, si l'on savait que vous avez parlé à l'empereur, cela pourrait vous compromettre !

EDMOND.

En quoi voulez-vous que cela me compromette, monsieur ? Je ne sais pas même ce que je portais, et l'empereur ne m'a fait que les questions qu'il eût faites au premier venu... Mais, pardon, voici la douane qui met tout sens dessus dessous, selon son habitude... Vous permettez, n'est-ce pas ?

MOREL.

Allez ! allez !...

EDMOND.

Attendez, messieurs ! attendez !...

SCÈNE IV

MOREL, DANGLARS.

DANGLARS, s'approchant.

Eh bien, monsieur Morel, il vous a donné de bonnes raisons de son mouillage à Porto-Ferraïo, à ce qu'il paraît ?

MOREL.

D'excellentes, mon cher monsieur Danglars.

DANGLARS.

Ah ! tant mieux ! C'est toujours pénible d'avoir un camarade qui ne fait pas son devoir !

MOREL.

Dantès a fait le sien, Danglars, et c'était le capitaine Leclère qui lui avait ordonné cette relâche...

DANGLARS.

A propos du capitaine Leclère, ne vous a-t-il pas remis une lettre de lui ?

MOREL.

Qui ?... Dantès ?...

DANGLARS.

Oui.

MOREL.

A moi ?... Non... En avait-il donc une ?...

DANGLARS.

Je croyais qu'en mourant, outre le paquet, le capitaine lui avait confié une lettre ; et je pensais, moi, que cette lettre était pour vous.

MOREL.
Outre quel paquet?...
DANGLARS.
Celui que Dantès a déposé à Porto-Ferraïo...
MOREL.
Comment savez-vous qu'il avait un paquet à déposer à Porto-Ferraïo?
DANGLARS.
Je passais devant la porte du capitaine, qui était entr'ouverte, et je l'ai vu remettre un paquet et une lettre à Dantès.
MOREL.
Il ne m'en a point parlé; mais, s'il a cette lettre, il me la remettra.
DANGLARS.
Alors, monsieur Morel, ne parlez point de ce que je viens de vous dire à Edmond. Je me serai trompé...

SCÈNE V

MOREL, EDMOND, puis PÉNÉLON.

MOREL.
Eh bien, mon cher Dantès, êtes-vous libre?
EDMOND.
Oui, monsieur.
MOREL.
La chose n'a pas été longue!
EDMOND.
Non, j'ai remis aux douaniers la liste de nos marchandises, et ils sont en train de faire la visite.
MOREL.
Alors, vous n'avez plus rien à faire ici?
EDMOND.
Non, monsieur, tout est en ordre.
MOREL.
Vous pourrez donc venir dîner avec nous?
EDMOND.
Excusez-moi, monsieur Morel, de refuser le grand honneur que vous me faites; mais ma première visite, vous le comprenez, doit être pour mon père.

MOREL.

C'est juste, Dantès, c'est juste... Je sais que vous êtes bon fils.

EDMOND.

Et il se porte bien, que vous sachiez?...

MOREL.

Votre père?... Je crois que oui, mon cher Edmond, quoique je ne l'aie pas aperçu....

EDMOND.

Oui, il se tient enfermé dans sa petite chambre des allées de Meilhan, n'est-ce pas?

MOREL.

Cela prouve, au moins, qu'il n'a manqué de rien en votre absence.

EDMOND.

Mon père est fier, monsieur, et il eût manqué de tout, je doute qu'il eût demandé quelque chose à qui que ce soit en ce monde, excepté à Dieu!

MOREL.

Eh bien, après cette visite, nous comptons sur vous?

EDMOND.

En vérité, monsieur Morel, je suis honteux de répondre ainsi à tant de politesses; mais, après cette première visite, il en est une seconde qui ne me tient pas moins au cœur...

MOREL.

Ah! c'est vrai, Dantès! j'oubliais qu'il y a aux Catalans quelqu'un qui doit vous attendre avec non moins d'impatience que votre père!... C'est la belle Mercédès... Ah! ah! cela ne m'étonne plus, Edmond, qu'elle soit venue trois fois me demander des nouvelles du *Pharaon*.

EDMOND.

Elle est venue, monsieur?...

MOREL.

En personne... Peste! Edmond, vous n'êtes pas à plaindre, et vous avez là une jolie maîtresse!

EDMOND.

Ce n'est point ma maîtresse, monsieur: c'est ma fiancée..

MOREL.

Quelquefois, c'est tout un.

EDMOND.

Pas pour nous!...

MOREL.

Allons, allons, mon cher Edmond, que je ne vous retienne pas... Vous avez assez bien fait mes affaires pour que je vous donne tout loisir de faire les vôtres... Avez-vous besoin d'argent?

EDMOND.

Non, monsieur; j'ai tous mes appointements du voyage, c'est-à-dire trois ou quatre mois de solde.

MOREL.

Vous êtes un garçon rangé, Edmond.

EDMOND.

Ajoutez que j'ai un père pauvre, monsieur, et que ma fiancée n'est pas riche...

MOREL.

Allez donc voir votre père et votre fiancée, Edmond; allez...

EDMOND.

Alors, vous permettez?...

MOREL.

Oui, si vous n'avez plus rien à me dire.

EDMOND.

Non, monsieur... Pénélon, le canot!

MOREL.

Dites-moi, Edmond, le capitaine Leclère, en mourant, ne vous a pas laissé une lettre pour moi?

EDMOND.

Il lui a été impossible d'écrire, monsieur... Mais cela me rappelle que j'aurai un congé de huit jours à vous demander.

MOREL.

Pour vous marier, Edmond?

EDMOND.

Oui, monsieur, d'abord ; puis pour aller à Paris...

MOREL.

Bon! vous aurez le temps que vous voudrez... Il nous faudra bien six semaines pour décharger et recharger le bâtiment, et nous ne nous remettrons pas en mer avant deux mois... Seulement, dans deux mois, il faudra que vous soyez là, Dantès... *Le Pharaon* ne pourrait pas, vous le comprenez bien, se mettre en route sans son capitaine!

EDMOND.

Sans son capitaine?... Faites attention à ce que vous dites

là, monsieur !... car vous venez de répondre aux plus secrètes espérances de mon cœur... Votre intention serait-elle de me nommer capitaine du *Pharaon*, monsieur?

MOREL.

Si j'étais seul, mon cher Dantès, je vous tendrais la main, et je vous dirais : « Touchez là!... » mais j'ai, pour trois ou quatre ans encore, un associé, et vous connaissez le proverbe italien: « Qui a compagnon, a maître !... » Mais la moitié de la besogne est faite, puisque, sur deux voix, vous en avez déjà une... Rapportez-vous-en à moi pour avoir l'autre, et je ferai de mon mieux !

EDMOND.

Ah! monsieur, je vous remercie au nom de mon père et de Mercédès !... Moi, capitaine ! mon Dieu! monsieur Morel, vous venez de me dire là une parole sur laquelle je ne comptais que dans quatre ou cinq ans !

MOREL.

C'est bien, c'est bien, Edmond... Il y a au ciel un Dieu pour les braves gens !... Allez voir votre père, allez voir Mercédès, et revenez me voir après !

PÉNÉLON.

Le canot, il est paré, monsieur Edmond !

EDMOND.

Bien, mon ami... (A Morel.) Vous ne voulez pas que je vous ramène à terre?

MOREL.

Non, merci ; je reste pour régler mes comptes avec Danglars... Avez-vous été content de lui pendant le voyage ?

EDMOND.

C'est selon le sens que vous attachez à cette question, monsieur... Si c'est comme bon camarade, que vous me demandez si je suis content de lui... non! car je crois qu'il me garde rancune, depuis le jour où, à la suite d'une petite querelle, j'ai eu la sottise de lui proposer de faire ensemble une halte de dix minutes à l'île de Monte-Cristo... Si c'est comme comptable que vous voulez dire... je crois qu'il n'y a rien à lui reprocher, et que vous serez content de la façon dont la besogne est faite.

MOREL.

Mais, voyons, Dantès, soyez franc... Si vous étiez capitaine du *Pharaon*, garderiez-vous Danglars avec plaisir?

EDMOND.

Capitaine ou second, monsieur Morel, j'aurai toujours les plus grands égards pour ceux qui possèdent la confiance de mes armateurs.

MOREL.

En vérité, Dantès, vous êtes en tout point un brave garçon... Mais que je ne vous retienne plus... Je vois que vous êtes sur des charbons ardents !

EDMOND.

J'ai donc mon congé ?

MOREL.

Allez, je vous dis...

EDMOND.

Alors, au revoir, monsieur Morel, et mille fois merci !

MOREL.

Au revoir, mon cher Edmond... Bonne chance ! (A Danglars.) Et maintenant, monsieur Danglars, à nous deux. Voyons...

DEUXIÈME TABLEAU

Chez Dantès père. — Une petite chambre mansardée ; fenêtre garnie de plantes grimpantes.

SCÈNE PREMIÈRE

DANTÈS, LA CARCONTE.

LA CARCONTE.

Ainsi donc, père Dantès, vous dites qu'il n'est pas chez vous, mon ivrogne de Caderousse ?

DANTÈS.

Non, voisine ; je ne l'ai même pas vu de la journée.

LA CARCONTE.

Allons, il sera encore allé au cabaret.

DANTÈS.

Voyons, un peu d'indulgence pour ce pauvre Caderousse, voisine !

LA CARCONTE.

Ah! c'est qu'il ne fait plus que cela, voyez-vous... Un homme qui avait un si bon état!

DANTÈS.

Eh bien, mais il l'a toujours.

LA CARCONTE.

Oui; mais peu à peu il perd toutes ses pratiques, et puis on ne veut plus lui faire crédit nulle part.

DANTÈS.

Bah! voisine, vous avez du bien à Arles, et, quand vous voudrez quitter Marseille...

LA CARCONTE.

Ah! voilà justement ce que je crains!

DANTÈS.

Comment cela?

LA CARCONTE.

Parce que, ça sera ma mort, voyez-vous... Si je retourne à Arles, je suis perdue!

DANTÈS.

Ah! oui, ces maudites fièvres...

LA CARCONTE.

J'ai pensé en mourir, vous savez bien.

DANTÈS.

Pauvre femme!... Mais vous allez mieux, n'est-ce pas?

LA CARCONTE.

Ah! je suis guérie!... et pourvu que je ne reprenne pas le même air...

DANTÈS.

Vous permettez, voisine?

(Il monte sur une chaise pour attacher les capucines à la fenêtre.)

LA CARCONTE.

Prenez-garde! vous êtes au cinquième ici, il n'y a pas à plaisanter...

DANTÈS.

Oh! soyez tranquille!

LA CARCONTE.

J'entends des pas... C'est peut-être lui!...

DANTÈS.

Vous voyez bien qu'il ne faut pas, comme cela, penser mal de son prochain!

LA CARCONTE.

Ce n'est pas lui... (Apercevant Edmond.) Tiens! tiens!... Oh!... mais...

DANTÈS.

Quoi?

SCÈNE II

Les Mêmes, EDMOND.

EDMOND, bas, à la Carconte.

Silence!...

LA CARCONTE.

Oui; et même... (Elle fait signe qu'elle doit s'en aller.) N'est-ce pas?

EDMOND.

Merci!

LA CARCONTE.

Il va être bien heureux, le père Dantès!

SCÈNE III

DANTÈS, EDMOND.

DANTÈS, le dos tourné.

Vous dites donc, voisine, que ce n'est pas encore lui... Qui est-ce donc alors, hein?

EDMOND.

C'est moi, mon père!...

DANTÈS.

Ah! mon Dieu!... mon Dieu!...

EDMOND.

Qu'as-tu donc, mon père?... serais-tu malade?

DANTÈS.

Non, mon cher Edmond! non, mon enfant!... Mais... je ne t'attendais pas... et la joie... le saisissement... de te revoir ici, à l'improviste! Oh! mon Dieu! il me semble que je vais mourir...

EDMOND.

Eh bien, remets-toi, père... C'est moi! c'est bien moi!... On dit toujours que la joie ne fait pas de mal, et voilà pourquoi je suis entré ici sans précaution... Voyons, souris-moi, au lieu de me regarder comme tu le fais, avec des yeux effarés !.. Je reviens, nous allons être heureux !

DANTÈS.

Ah! tant mieux, garçon !... Mais comment allons-nous être heureux ? Tu ne me quittes donc plus?

EDMOND.

Le pauvre capitaine Leclère est mort, et il est probable que je vais avoir sa place... Comprenez-vous ?... capitaine, avec cent louis d'appointements, et une part dans les bénéfices !... N'est-ce pas plus que ne pouvait l'espérer un pauvre matelot comme moi ?

DANTÈS.

Oui, mon fils, oui, en effet, c'est bien heureux.

EDMOND.

Aussi, je veux, du premier argent que je toucherai, que vous ayez une petite maison, avec un jardin pour planter vos clématites, vos capucines et vos chèvrefeuilles... Mais qu'as-tu donc, père ? On dirait que tu te trouves mal !

DANTÈS.

Patience, Edmond; ce ne sera rien !

EDMOND.

Voyons, voyons, mon père... Un verre de vin... cela vous ranimera... Où mettez-vous votre vin?

DANTÈS.

Non, merci... Ne cherche pas.

EDMOND.

Si fait, mon père; indiquez-moi l'endroit.

DANTÈS.

Inutile... Il n'y a plus de vin.

EDMOND.

Comment ! il n'y a plus de vin ?... Auriez-vous manqué d'argent, mon père?

DANTÈS.

Je n'ai manqué de rien, puisque te voilà, mon enfant !

EDMOND.

Comment! est-ce que M. Morel ne vous a pas fait remettre deux cents francs, le jour de mon départ, il y a trois mois?

DANTÈS,

Oui, c'est vrai; mais tu avais oublié une petite dette chez le voisin Caderousse; il me l'a rappelée, en me disant que, si je ne payais pas pour toi, il irait se faire payer chez M. Morel. Alors, de peur que cela ne te fit du tort...

EDMOND.

Eh bien?...

DANTÈS.

J'ai payé, moi !...

EDMOND.

Mais c'etait cent quarante francs que je devais au voisin Caderousse !

DANTÈS.

Oui...

EDMOND.

Et vous les avez donnés, sur les deux cents francs que je vous avais laissés ?

DANTÈS.

Oui...

EDMOND.

De sorte que, pendant trois mois, vous avez vécu avec soixante francs !...

DANTÈS.

Tu sais combien il me faut peu de chose...

EDMOND.

Ah ! mon Dieu ! mon Dieu ! pardonnez-moi !

DANTÈS.

Qu'as-tu donc?

EDMOND.

Ah! mon père, mon pauvre père, vous m'avez brisé le cœur !...

DANTÈS, souriant.

Bah ! te voilà... Maintenant, tout est oublié, car tout est bien.

EDMOND.

Oui, me voilà avec un bel avenir et un peu d'argent... Tenez, prenez, prenez... (Il verse son argent sur la table.) Et envoyez tout de suite chercher quelque chose.

DANTÈS.

A qui cela ?

EDMOND.

Mais à toi... à moi... mon père !... Prends, prends !... achète des provisions... Sois heureux, pauvre père... Demain, il y en aura d'autres !

DANTÈS.

Doucement, doucement... Avec ta permission, j'userai modérément de ta bourse... On croirait, si l'on me voyait acheter trop de choses à la fois, que j'ai été obligé d'attendre ton retour pour les acheter.

EDMOND.

Fais comme tu voudras, père ; mais, avant toute chose, prends quelqu'un pour te servir. J'ai là-bas, à fond de cale, d'excellent café et du tabac de contrebande pour toi, tu l'auras dès demain... Ça vient de Smyrne. Mais chut ! voici quelqu'un...

DANTÈS.

Ah ! c'est Caderousse qui aura appris ton arrivée, et qui veut te faire son compliment de bon retour.

EDMOND.

Bon ! encore des lèvres qui disent une chose, tandis que le cœur en pense une autre... Mais, n'importe, c'est un voisin qui nous a rendu service autrefois, qu'il soit le bienvenu !

SCÈNE IV

Les Mêmes, CADEROUSSE.

CADEROUSSE.

Eh ! te voilà donc de retour, le petit ?

EDMOND.

Comme vous voyez, voisin Caderousse, et prêt à vous être agréable en quelque chose que ce soit.

CADEROUSSE.

Merci, merci... Je n'ai besoin de rien... et ce sont même les autres qui ont quelquefois besoin de moi... Je ne dis pas cela pour toi, garçon... Je t'ai prêté de l'argent, tu me l'as rendu... cela se fait entre voisins... et nous sommes quittes.

EDMOND.

On n'est jamais quitte envers ceux qui vous ont obligé ; car, lorsqu'on ne leur doit plus d'argent, on leur doit encore de la reconnaissance.

CADEROUSSE.

A quoi bon parler de cela ?... Ce qui est passé est passé... Parlons de ton heureux retour, garçon... J'étais donc allé sur le port pour rassortir du drap marron, quand je rencontre l'ami Danglars. « Toi à Marseille? lui demandai-je. — Eh! oui tout de même, me répondit-il..— Je te croyais à Smyrne? — J'y pourrais être, car j'en reviens. — Et Edmond?.... » Je pensais à toi tout de suite... « Où est-il donc, le petit? — Mais chez son père, sans doute... » Et je suis venu tout droit, pour avoir le plaisir de serrer la main à un ami!

DANTÈS.

Ce bon Caderousse! il nous aime tant!...

CADEROUSSE.

Certainement que je vous aime, et que je vous estime encore... attendu que les honnêtes gens sont rares... Mais il paraît que tu reviens riche!....

EDMOND.

Ah! cet argent n'est point à moi, voisin, il est à mon père... Je lui manifestais la crainte qu'il n'eût manqué de quelque chose en mon absence... et, pour me rassurer, il a tiré sa bourse.... Allons, père, remettez votre argent dans la tirelire... à moins toutefois que le voisin Caderousse n'en ait besoin... auquel cas, il est bien à son service!

CADEROUSSE.

Non pas, garçon, je n'ai besoin de rien, et, Dieu merci! l'état nourrit son homme... Garde ton argent, garde, on n'en a jamais de trop!

EDMOND.

C'était de bon cœur...

CADEROUSSE.

Je n'en doute pas... Eh bien, te voilà donc au mieux avec M. Morel, câlin que tu es!

EDMOND.

M. Morel a toujours eu beaucoup de bonté pour moi.

CADEROUSSE.

En ce cas, tu as eu tort de refuser son dîner.

DANTÈS.

Comment, refuser son dîner?.... Il t'avait donc invité à dîner?

EDMOND.

Oui, mon père.

DANTÈS.

Et pourquoi donc as-tu refusé, garçon?

EDMOND.

Pour revenir plus tôt près de vous... J'avais hâte de vous voir.

CADEROUSSE.

Je sais quelqu'un, là-bas, derrière le fort Saint-Nicolas, qui n'en sera pas fâché, que tu sois capitaine.

DANTÈS.

Mercédès, n'est-ce pas?

EDMOND.

Oui, mon père... Et, avec votre permission, maintenant que je vous ai vu, mon père, maintenant que je sais que vous vous portez bien, je vous demanderai la permission de faire une visite aux Catalans.

DANTÈS.

Va, mon enfant, va! et que Dieu te bénisse dans ta femme, comme il m'a béni dans mon fils!

CADEROUSSE.

N'importe, n'importe! tu as bien fait de te dépêcher!

EDMOND.

Pourquoi cela?

CADEROUSSE.

Parce que la Mercédès est une belle fille, et que les belles filles ne manquent pas d'amoureux... celle-là surtout. Ils la suivent par douzaines; mais tu vas être capitaine, toi, et l'on te donnera la préférence!

EDMOND.

Ce qui veut dire que, si je ne l'étais pas...

CADEROUSSE.

Eh! eh!...

EDMOND.

Allons, allons, voisin, j'ai meilleure opinion que vous des femmes en général... et de Mercédès en particulier... et je suis convaincu que, capitaine ou non, elle me restera fidèle.

CADEROUSSE.

Tant mieux! tant mieux!... Quand on va se marier, c'est toujours une bonne chose que d'avoir la foi... Mais, n'importe, crois-moi, le petit... ne perds pas de temps à lui annoncer ton arrivée.

EDMOND.

J'y vais.

DANTÈS.

Et moi, je t'accompagne jusqu'à la Cannebière... Je ne veux te quitter que le plus tard possible.

CADEROUSSE.

Il faut que je vous demande la permission de rester un instant ici, père Dantès... Cette diable de Carconte, ennuyée sans doute de ce que je ne rentrais pas, est sortie à son tour, et... elle a emporté la clef... De sorte que je suis à la porte...

DANTÈS.

Restez, voisin, restez. Vous savez que vous êtes chez vous.

CADEROUSSE.

Merci.

EDMOND.

Venez, mon père.

CADEROUSSE.

Bien des choses de ma part à Mercédès, le petit!

EDMOND.

Je les ajouterai à celles que j'ai à lui dire.

DANTÈS.

En sortant, vous tirerez la porte.

CADEROUSSE.

Soyez tranquille.

SCÈNE V

CADEROUSSE, seul.

Je suis sûr d'une chose, moi : c'est que cet argent, il était rapporté par le petit, et que le vieux vantard n'avait pas un traître sou à la maison... D'ailleurs, nous allons bien voir... Ah! les voilà qui sortent; ils suivent les allées de Meilhan... Très-bien!... Pour des gens qui remuent l'or à la pelle, voilà une armoire drôlement garnie... Et celle-là donc!... Ah! si fait! il y a une bouteille, mais elle est vide... Chez moi, il n'y a pas de bouteilles vides tant qu'il y a une bourse pleine... et je juge les autres d'après moi... Un morceau de pain!... Je ne me trompais pas : le vieillard était parfaitement à sec, et l'argent a été rapporté par le petit... Quand on pense que ça fait les fiers!...

DANGLARS, du dehors.

Caderousse! Caderousse!...

CADEROUSSE.

Eh! c'est Danglars... à qui j'avais donné rendez-vous chez moi, et qui trouve visage de bois... Hé! Danglars! monte, monte!... il n'y a personne... Par ici!...

SCÈNE VI

CADEROUSSE, DANGLARS.

DANGLARS.

Où sont-ils donc?

CADEROUSSE.

Ils sont sortis; c'est moi le maître de la maison?

DANGLARS.

Eh bien, l'as-tu vu?

CADEROUSSE.

Je le quitte.

DANGLARS.

Et t'a-t-il parlé de son espérance d'être capitaine?

CADEROUSSE.

Il en parle comme s'il l'était déjà.

DANGLARS.

Patience, patience! il se presse un peu trop!

CADEROUSSE.

Il paraît que la chose lui est promise par M. Morel.

DANGLARS.

De sorte qu'il est bien joyeux?

CADEROUSSE.

C'est-à-dire qu'il est insolent... Il m'a déjà fait ses offres de service, comme s'il était un grand personnage!

DANGLARS.

Il est toujours amoureux de la belle Catalane?

CADEROUSSE.

Amoureux fou!... Il y est allé!... Mais, ou je me trompe fort, ou il aura du désagrément de ce côté-là.

DANGLARS.

Explique-toi.

CADEROUSSE.

A quoi bon?

DANGLARS.

C'est plus important que tu ne crois... Tu n'aimes pas Edmond?

CADEROUSSE.

Je n'aime pas les arrogants.

DANGLARS.

Eh bien, dis-moi ce que tu sais relativement à la Catalane?

CADEROUSSE.

Eh bien, je sais que, toutes les fois que Mercédès vient en ville, elle y vient en compagnie d'un grand gaillard de Catalan, à l'œil noir, à la peau rouge... très-brun, très-ardent... et qu'elle appelle mon cousin.

DANGLARS.

Ah! vraiment!... Et crois-tu que le cousin lui fasse la cour?

CADEROUSSE.

Je le suppose... Que diable peut faire un grand garçon de vingt ans à une belle fille de dix-sept ans?

DANGLARS.

Et tu dis que Dantès est allé aux Catalans?

CADEROUSSE.

Il est parti devant moi.

DANGLARS.

Si nous allions du même côté?... Nous nous arrêterions à la Réserve, et, tout en buvant un verre de vin de Lamalgue, nous aurions des nouvelles.

CADEROUSSE.

Qui nous en donnera?

DANGLARS.

Nous serons sur la route, et nous verrons bien sur son visage ce qui s'y sera passé.

CADEROUSSE.

Allons!... Mais c'est toi qui payes?

DANGLARS.

Certainement!... Viens-tu?

CADEROUSSE.

Me voilà!

SCÈNE VII

Les Mêmes, un Inconnu.

L'INCONNU.

Pardon, messieurs...

CADEROUSSE.

Qu'est-ce que cela?

DANGLARS.

Que demandez-vous?

L'INCONNU.

N'est-ce pas ici que demeure le capitaine du *Pharaon*?

DANGLARS.

Le second, c'est-à-dire!

L'INCONNU.

Capitaine ou second, soit!... celui qui a été chargé de la conduite du navire pendant la traversée?

DANGLARS.

Oui, monsieur, c'est ici qu'il demeure.

CADEROUSSE.

Ou plutôt son père.

L'INCONNU.

N'importe!... Et il n'est pas chez lui?

CADEROUSSE.

Il vient de sortir.

DANGLARS.

Est-ce pour quelque chose en quoi on puisse le remplacer?

L'INCONNU.

Je voulais lui demander un renseignement, voilà tout.

DANGLARS.

Sur quoi?

L'INCONNU.

Sur la route que le bâtiment a suivie.

DANGLARS.

Je puis vous le donner, moi.

L'INCONNU.

Vous?

DANGLARS.

Oui, je suis comptable à bord du *Pharaon*... Quel est ce renseignement?

L'INCONNU.

Ah! bien simple!... Je désirais savoir si, dans sa course, le bâtiment avait relâché à Porto-Ferraïo.

DANGLARS.

Oui, monsieur.

L'INCONNU.

Merci!

DANGLARS.

Eh bien?

L'INCONNU.

Quoi?

DANGLARS.

Voilà tout ce que vous voulez savoir?

L'INCONNU.

Oui.

DANGLARS.

Cependant, si vous désiriez...?

L'INCONNU.

Je ne désire rien... Adieu, messieurs.

(Il sort.)

CADEROUSSE.

En voilà un particulier!...

DANGLARS.

Il y a quelque chose de louche dans tout cela, Caderousse... Viens, viens!...

CADEROUSSE.

Attends donc!...

DANGLARS.

Quoi?

CADEROUSSE.

Le vieux bélître ne m'a-t-il pas dit de fermer sa porte?... Comme s'il y avait quelque chose à prendre dans sa barraque... La!...

(Ils sortent.)

TROISIÈME TABLEAU

L'intérieur de la maison de Mercédès, aux Catalans.

SCÈNE PREMIÈRE

MERCÉDÈS, FERNAND.

FERNAND.

Voyons, Mercédès, voici Pâques qui va revenir ; c'est le moment de faire une noce... Répondez-moi.

MERCÉDÈS.

Je vous ai déjà répondu cent fois, Fernand... et, en vérité, il faut que vous soyez bien ennemi de vous-même pour m'interroger davantage là-dessus.

FERNAND.

Eh bien, répétez-le encore, répétez-le toujours, pour que j'arrive à le croire... Dites-moi, pour la centième fois, que vous refusez mon amour, qu'approuvait votre mère !... Faites-moi bien comprendre que vous vous jouez de mon bonheur, que ma vie et ma mort ne sont rien pour vous... Ah ! mon Dieu ! mon Dieu ! après avoir rêvé dix ans d'être votre époux, Mercédès... perdre cet espoir, qui était le seul but de ma vie !...

MERCÉDÈS.

Ce n'est pas moi, du moins, qui vous ai jamais encouragé dans cet espoir ; vous n'avez pas une seule coquetterie à me reprocher à cet égard. Je vous ai toujours dit : « Je vous aime comme un frère, mais n'exigez jamais de moi autre chose que cette amitié fraternelle, car, mon cœur est à un autre... » Vous ai-je toujours dit cela, Fernand ?

FERNAND.

Oui, je le sais bien, Mercédès ; oui, vous vous êtes donné vis-à-vis de moi le cruel mérite de la franchise ; mais oubliez-vous que c'est parmi les Catalans une loi sacrée de se marier entre eux ?

MERCÉDÈS.

Vous vous trompez, Fernand, ce n'est pas une loi : c'est

une habitude, voilà tout; et, croyez-moi, n'invoquez pas cette habitude en votre faveur ; vous êtes tombé à la conscription, Fernand ; la liberté qu'on vous laisse, c'est une simple tolérance ; d'un moment à l'autre, vous pouvez être appelé sous les drapeaux... Une fois soldat, que feriez-vous de moi?... c'est-à-dire d'une pauvre orpheline, triste, sans fortune, possédant pour tout bien une cabane presque en ruine, où pendent quelques filets usés ; misérable héritage laissé par mon père à ma mère, et par ma mère à moi !... Depuis un an qu'elle est morte, songez donc, Fernand, que je vis presque de la charité publique. Quelquefois, vous feignez que je vous suis utile, et cela pour avoir le droit de partager votre pêche avec moi... Et j'accepte, Fernand, parce que vous êtes le fils d'un frère de ma mère, parce que nous avons été élevés ensemble, et, plus encore, parce que, par-dessus tout, cela vous ferait trop de peine, si je vous refusais... Mais je sens bien que ce poisson que je vais vendre, et dont je tire l'argent avec lequel j'achète la chanvre que je file, je s͟ ͟ien, Fernand, que c'est une charité !

FERNAND.
Eh ! qu'importe, Mercédès, si, pauvre et isolée comme vous l'êtes, vous me convenez mieux que la fille du plus fier armateur ou du plus riche banquier de Marseille !... A nous autres, que nous faut-il ? Une honnête femme et une bonne ménagère. Où trouverais-je mieux que vous sous ces deux rapports ?

MERCÉDÈS.
Fernand, on devient mauvaise ménagère et on ne peut répondre de rester honnête femme lorsqu'on aime un autre que son mari... Contentez-vous de mon amitié; car, je vous le répète, c'est tout ce que je puis vous promettre, et je ne vous promets que ce que je suis sûre de pouvoir donner !

FERNAND.
Oui, je comprends, vous supportez patiemment votre misère ; mais vous avez peur de la mienne... Eh bien, Mercédès, aimé de vous, je tenterai la fortune, vous me porterez bonheur ; et je deviendrai riche ; je puis étendre mon état de pêcheur, je puis entrer comme commis dans un comptoir ; je puis, moi-même, devenir marchand.

MERCÉDÈS.
Vous ne pouvez rien de tout cela, Fernand ; vous êtes sol-

dat, et, si vous restez aux Catalans, c'est parce qu'il n'y a pas de guerre. Demeurez donc pêcheur, ne faites point de rêves qui vous rendraient la réalité plus terrible encore, et contentez-vous de mon amitié, puisque je ne puis vous donner autre chose !

FERNAND.

Eh bien, vous avez raison, Mercédès ; je serai marin ; j'aurai, au lieu du costume de nos pères que vous méprisez, un chapeau verni, une chemise rayée et une veste bleue avec des ancres sur les boutons... N'est-ce point ainsi qu'il faut être habillée pour vous plaire?

MERCÉDÈS.

Que voulez-vous dire?... Je ne vous comprends pas.

FERNAND.

Je veux dire, Mercédès, que vous n'êtes si dure et si cruelle pour moi que parce que vous attendez quelqu'un qui est ainsi vêtu... Mais celui que vous attendez est inconstant peut-être, et, s'il ne l'est pas, la mer l'est pour lui !...

MERCÉDÈS.

Fernand, je vous croyais bon, et je me trompais ; Fernand, vous êtes un mauvais cœur d'appeler à l'aide de votre jalousie les colères de Dieu ! Eh bien, oui, je ne m'en cache pas, j'attends et j'aime celui que vous dites, et, s'il ne revient pas, au lieu d'accuser cette inconstance que vous invoquez, vous, je dirai qu'il est mort en m'aimant... Je vous comprends, Fernand, vous vous en prendrez à lui de ce que je ne vous aime pas ; vous croiserez votre couteau catalan contre son poignard!... A quoi cela vous avancera-t-il?... A perdre mon amitié, si vous êtes vaincu ; à voir mon amitié se changer en haine, si vous êtes vainqueur !... Croyez-moi, chercher querelle à un homme est un mauvais moyen de plaire à la femme qui aime cet homme. Non, Fernand, vous ne vous laisserez point aller ainsi à vos mauvaises pensées. Ne pouvant m'avoir pour femme, vous vous contenterez de m'avoir pour amie et pour sœur... Et d'ailleurs, attendez, attendez, Fernand... Vous l'avez dit tout à l'heure, la mer est perfide, et il y a déjà quatre mois qu'il est parti : depuis quatre mois, j'ai compté bien des tempêtes !

FERNAND.

Voyons, Mercédès, encore une fois, répondez : est-ce bien résolu?...

MERCÉDÈS.

J'aime Edmond Dantès, et nul autre qu'Edmond ne sera mon époux.

FERNAND.

Et vous l'aimerez toujours ?...

MERCÉDÈS.

Tant que je vivrai !...

FERNAND.

Mais, s'il est mort ?...

MERCÉDÈS.

S'il est mort, je mourrai...

FERNAND.

Mais, s'il vous oublie ?...

SCÈNE II

Les Mêmes, EDMOND.

EDMOND, du dehors.

Mercédès !... Mercédès !...

MERCÉDÈS.

Ah ! tu vois bien qu'il ne m'a pas oubliée, puisque le voilà !... Edmond ! mon Edmond !... me voici !...

FERNAND.

Ah ! le démon ! c'est bien lui !...

EDMOND, entrant.

Mercédès ! ma Mercédès bien-aimée !... Ah ! pardon, je n'avais pas remarqué que nous étions trois... Qui est monsieur ?

MERCÉDÈS.

Monsieur sera votre meilleur ami un jour, Edmond, car c'est mon ami, à moi ; c'est le fils du frère de ma mère ; c'est Fernand Mondego, c'est-à-dire l'homme qu'après vous j'aime le plus au monde, Edmond... Ne le reconnaissez-vous pas ?

EDMOND.

Ah ! si fait... Frère de Mercédès, voici ma main !

(Fernand reste immobile.)

MERCÉDÈS.

Fernand !...

EDMOND.

Je ne savais pas venir avec tant de hâte chez vous pour y trouver un ennemi, Mercédès ?...

MERCÉDÈS.

Un ennemi!... chez moi, Edmond?... Si je savais cela, je te prierais de m'emmener à Marseille, quittant la maison pour n'y plus rentrer, et, s'il t'arrivait malheur, mon Edmond, je monterais sur le cap de Morgion et je me précipiterais sur les rochers, la tête la première!... Mais tu t'es trompé, Edmond! tu n'as pas d'ennemi ici!... tu n'as qu'un frère, qui va te serrer la main, comme à un ami dévoué!...

(Fernand s'approche, comme fasciné par le regard de Mercédès.)

FERNAND.

Oh!... oh!... c'en est trop!... je ne p...... Adieu, Mercédès!

(Il sort.)

SCÈNE III

MERCÉDÈS, EDMOND.

EDMOND.

Mercédès, Mercédès, cet homme nous portera malheur...

MERCÉDÈS.

Malheur!... Est-ce qu'il y a malheur quand on se revoit, mon Edmond?... Non, non, rien ne peut plus nous porter malheur maintenant... Te voilà, c'est bien toi!... Laisse-moi te regarder... Que tu es beau sous ton habit de marin! et comme tu porterais bien tous les uniformes, même celui d'amiral!... Oh! tu ne sais pas, Edmond, tout ce que j'ai souffert depuis trois mois... Je crois qu'il n'y a jamais eu tant de tempêtes!... Que de prières au ciel, mon Dieu! quand cette mer, si calme, si tranquille, si joyeuse de ton retour, rugissait en ton absence, et venait se briser contre les rochers!... As-tu pensé à moi, dis?...

EDMOND.

Si j'ai pensé à toi, ma bien-aimée, Mercédès!... Et à quoi veux-tu donc que j'aie pensé?... N'es-tu pas ma Vierge des tempêtes? n'es-tu pas ma Notre-Dame-de-la-Garde?... Tu priais Dieu! et moi, je priais Mercédès... Si j'ai pensé à toi!... Nuit et jour, soir et matin, à chaque instant, à chaque minute!... Et la preuve, c'est que je suis arrivé il y a une demi-heure, c'est que je n'ai pris que le temps d'embrasser mon père, qui m'aime tant... et que... me voilà!...

MERCÉDÈS.

Te voilà !...

EDMOND.

Oui, et riche de bonnes nouvelles... Comprends-tu, Mercédès ? capitaine !... capitaine du *Pharaon !*...

MERCÉDÈS.

Toi ?...

EDMOND.

Oui, moi !... j'ai la parole de M. Morel ; tu sais comme il est bon pour moi !... tu le sais, car il a été te voir...

MERCÉDÈS.

Il te l'a dit ?...

EDMOND.

Oui ; il connaît notre amour, il sait que tu es ma fiancée, que tu vas être ma femme !... Quand cela, Mercédès, dis ?...

MERCÉDÈS.

Ah ! quand tu voudras !...

EDMOND.

Merci ! je comptais sur cette réponse... Oh !... j'en ai dit deux mots à mon père... Il va courir chez M. Morel, ils vont tout arranger ensemble ; nous n'aurons à nous occuper de rien, que de notre amour.

MERCÉDÈS.

En vérité, je ne puis croire à notre bonheur !...

EDMOND.

C'est comme moi, Mercédès : il me semble que je fais un rêve... Oh ! ton front, ton cœur, toi tout entière !... que je sache bien que je ne rêve pas !...

SCÈNE IV

Les Mêmes, MOREL, DANTÈS.

DANTÈS.

Eh ! tenez, monsieur Morel, regardez-les !...

MERCÉDÈS.

Ah !... ton père, Edmond !...

EDMOND.

M. Morel !...

MOREL.

Eh bien, oui, M. Morel... Après?... Il vous dérange... Maudit M. Morel, n'est-ce pas?

EDMOND.

Oh!...

MOREL.

Vous m'avez demandé un congé, Edmond, pour aller à Paris?

MERCÉDÈS.

Toi!... à Paris?

EDMOND.

Oui, je te dirai cela!... le dernier désir d'un mourant à accomplir...

MERCÉDÈS.

Bien! bien!...

MOREL.

J'ai donc pensé à ceci...

DANTÈS.

Écoutez.

MOREL.

Je me suis dit : « Ces enfants ont bonne envie de se marier tout de suite!... »

EDMOND.

Oh! oui!...

MOREL.

Malheureusement, c'est impossible : il y a des formalités, des exigences, des retards... Mais on peut toujours les fiancer.

EDMOND.

Sans doute; n'est-ce pas, Mercédès?

MOREL.

Eh bien, fiançons-les!...

EDMOND.

Et quand cela?

MOREL.

Aujourd'hui.

EDMOND et MERCÉDÈS.

Aujourd'hui!...

MOREL.

Et pourquoi pas?

EDMOND.

Monsieur Morel!... mon Dieu!...

MOREL.

Alors, je suis passé chez Pamphile, à la Réserve, ici tout près, vous savez... et j'ai commandé le dîner!...

EDMOND.

Comment! monsieur Morel, vous vous occupez à ce point-là de moi?...

MOREL.

Et de quoi t'occupes-tu, toi, mon garçon, depuis quatre mois, depuis un an, depuis dix ans que tu navigues pour moi?... Tu contribues à me faire riche; je veux contribuer à te faire heureux!

EDMOND.

Mercédès! Mercédès! j'en deviendrai fou!...

MOREL.

Il ne faut pas, peste! ce serait une grande sottise, en ce moment surtout... Ainsi, c'est arrêté?...

EDMOND.

Quoi?

MOREL.

Dans une heure, le repas des fiançailles.

EDMOND.

Ordonnez, monsieur Morel; vous êtes notre maître, ou plutôt notre bon génie... Que faut-il que je fasse?

MOREL.

Rien!... Aime... et attends!

MERCÉDÈS.

Edmond, te rappelles-tu le pauvre crucifix de bois, devant lequel nous avons prié au moment de ton départ?...

EDMOND.

Oui!... Eh bien?...

MERCÉDÈS.

Il est toujours là... Allons remercier Dieu de t'avoir donné un si bon retour.

EDMOND.

Vous permettez?

DANTÈS.

Va, Edmond, va! nous savons ce que c'est que la prière, nous autres... n'est-ce pas, Mercédès? nous autres, qui avons attendu!...

EDMOND.

Alors, dans une heure, n'est-ce pas ?...

MOREL.

Dans une heure.

EDMOND.

A la Réserve ?...

MOREL.

A la Réserve. (Edmond et Mercédès sortent.) Allons, père Dantès, en avant l'habit des dimanches !...

ACTE DEUXIÈME

QUATRIÈME TABLEAU

Une tonnelle dans la cour d'un cabaret, à la Réserve.

SCÈNE PREMIÈRE

CADEROUSSE, DANGLARS.

DANGLARS.

On ne voit rien encore !...

CADEROUSSE.

Si fait !... on voit quelque chose !...

DANGLARS.

Je voulais dire qu'on ne voyait pas Edmond...

CADEROUSSE.

Non ; mais on voit Fernand !...

DANGLARS.

Qu'est-ce que Fernand ?

CADEROUSSE.

Eh ! pardieu ! le rival dont je t'ai parlé, le beau Catalan, le cousin de Mercédès... Veux-tu que je l'appelle ?

DANGLARS.

Certainement !

CADEROUSSE.

Hé!... le Catalan!... hé!... où cours-tu comme cela?

SCÈNE II

Les Mêmes, FERNAND.

CADEROUSSE.

Es-tu donc si pressé que tu n'aies pas le temps de dire bonjour aux amis?

DANGLARS.

Surtout lorsqu'ils ont devant eux une bouteille presque pleine?

FERNAND, entrant.

Bonjour!... Vous m'avez appelé, n'est-ce pas?

CADEROUSSE.

Eh! sans doute, je t'ai appelé!

FERNAND.

Pourquoi?

CADEROUSSE.

Parce que tu courais comme un fou, et que j'ai eu peur que tu n'allasses te jeter à la mer... Que diable! quand on a des amis, c'est non-seulement pour leur offrir un verre de vin, mais encore pour les empêcher de boire trois ou quatre pintes d'eau... Un verre, père Pamphile!

FERNAND.

Ah! mon Dieu! mon Dieu!...

CADEROUSSE.

Eh bien, veux-tu que je te dise, Fernand? tu as l'air d'un amant déconfit.

DANGLARS.

Bah! un garçon taillé comme celui-là?... Tu te moques, Caderousse!...

CADEROUSSE.

J'ai dit ce que j'ai dit... Écoute plutôt, comme il soupire... Allons, allons, Fernand, lève le nez et réponds... Ce n'est point aimable de ne pas répondre aux gens qui nous demandent des nouvelles de notre santé!

FERNAND.

Ma santé va bien, merci...

CADEROUSSE.

Vois-tu, Danglars, voici la chose : Fernand, que tu vois, qui est un bon et brave Catalan, un des meilleurs pêcheurs de Marseille, est amoureux d'une belle fille, qu'on appelle Mercédès. Malheureusement, il paraît que la fille, de son côté, est amoureuse du second du *Pharaon*, et, comme le *Pharaon* est entré aujourd'hui dans le port, tu comprends ?...

DANGLARS.

Non, je ne comprends pas.

CADEROUSSE.

Eh bien, ce pauvre Fernand aura reçu son congé.

FERNAND.

Eh bien, après ?...

CADEROUSSE.

Comment, après ?...

FERNAND.

Sans doute... Mercédès est libre ! Mercédès peut aimer qui elle veut !...

CADEROUSSE.

Ah ! tu le prends ainsi ?... Bon, bon, bon ! c'est autre chose... Moi, je te croyais un Catalan... et l'on m'avait dit que les Catalans n'étaient point hommes à se laisser supplanter ; on avait même ajouté que Fernand était terrible dans sa vengeance !...

DANGLARS.

Le pauvre garçon ! que veux-tu ! il ne s'attendait pas à voir ainsi revenir Dantès tout à coup ; il le croyait mort, infidèle... Qui sait ?...

CADEROUSSE.

Ah ! ma foi, dans tous les cas, Fernand n'est pas le seul, à ce que je crois, que l'heureuse arrivée d'Edmond contrarie... N'est-ce pas, Danglars ?...

DANGLARS.

Non, et j'oserai presque dire que cela lui portera malheur !

CADEROUSSE.

N'importe !... en attendant, il épouse Mercédès; la belle Mercédès... Il revient pour cela, du moins.

DANGLARS.

Eh bien, buvons au capitaine Edmond Dantès !... au mari de la belle Catalane !

CADEROUSSE.

Allons, encore des bêtises!... Eh! eh! eh! qu'aperçois-je donc là-bas, au bas de la butte, dans la direction des Catalans?... Regarde donc, Fernand; tu as meilleure vue que moi... et puis je crois que je commence à y voir trouble... On dirait de deux amoureux qui marchent côte à côte, et la main dans la main... Dieu me pardonne! ils ne se doutent pas que nous les voyons, et les voilà qui s'embrassent!...

DANGLARS.

Les connaissez-vous, monsieur Fernand?

FERNAND.

Oui, oui, je les connais... C'est M. Edmond et mademoiselle Mercédès.

CADEROUSSE.

Ah! voyez-vous! et moi qui ne les reconnaissais pas... (Criant.) Ohé! Dantès!... ohé! la belle fille!... venez par ici, un peu, et dites-nous à quand la noce!... car voici M. Fernand, qui est si entêté, qu'il ne veut pas nous le dire.

DANGLARS.

Veux-tu te taire! et laisser les amoureux s'aimer tranquillement!... Tiens, regarde M. Fernand, et prends exemple... Il est raisonnable, lui!...

SCÈNE III

Les Mêmes, EDMOND, MERCÉDÈS.

DANGLARS, à part.

Je ne tirerai rien de ces niais-là! et j'ai grand'peur d'être ici entre un ivrogne et un poltron... Décidément, le destin d'Edmond l'emporte; il épousera la belle fille, il sera capitaine, et se moquera de nous, à moins que... à moins que je ne m'en mêle!

CADEROUSSE.

Holà! Edmond!... tu ne vois donc pas les amis?... ou est-ce que tu es déjà trop fier pour leur parler?

EDMOND.

Non, mon cher Caderousse, je ne suis pas fier; mais je suis heureux, et le bonheur aveugle, je crois, encore plus que la fierté!

CADEROUSSE.

A la bonne heure! voilà une explication!... Eh! bonjour, madame Dantès!

MERCÉDÈS, saluant.

Ce n'est pas encore mon nom, et, dans ce pays, cela porte malheur, assure-t-on, d'appeler les jeunes filles du nom de leur fiancé, avant que ce fiancé soit leur mari... Appelez-moi donc Mercédès, je vous prie.

EDMOND.

Il faut lui pardonner... Je suis aise de vous rencontrer, monsieur Danglars!... Je suis heureux de vous voir, voisin Caderousse!...

CADEROUSSE.

Et pourquoi cela? Voyons!

EDMOND.

Pour vous inviter tous deux au repas de mes fiançailles, qui va avoir lieu dans une heure.

DANGLARS

Où?...

EDMOND.

Ici.

FERNAND.

Ah!...

DANGLARS.

Et Fernand... Fernand en est-il aussi?

EDMOND.

Le frère de ma femme est mon frère, et nous le verrions avec un profond regret, Mercédès et moi, s'écarter de nous dans un pareil moment...

DANGLARS.

Ainsi, aujourd'hui, les fiançailles; demain ou après-demain, le voyage à Paris... et, au retour, la noce... Diable! vous êtes bien pressé, capitaine!

EDMOND.

On est toujours pressé d'être heureux, monsieur Danglars; car, lorsqu'on a souffert longtemps, on a grand'peine à croire au bonheur.

DANGLARS.

Ainsi, vous allez demain à Paris?

EDMOND.

Oui; avez-vous des commissions pour la grande ville?

DANGLARS.

Non, merci.

EDMOND.

Et vous, Caderousse?

CADEROUSSE.

Tu t'informeras si le roi a besoin d'un tailleur?

DANGLARS.

Oui, oui, je comprends. (A part.) A Paris, pour remettre à son adresse, sans doute, la lettre que le grand maréchal lui a donnée. Pardieu! cette lettre me fait pousser une idée... Ah! Dantès, mon ami, tu n'es pas encore couché au registre du *Pharaon* sous le numéro 1. (A Edmond.) Eh bien, au revoir, Edmond.

EDMOND.

Dans une demi-heure, n'est-ce pas?...

DANGLARS.

Et où allez-vous ainsi?...

EDMOND.

Où vont les gens heureux : droit devant eux, sans regarder en arrière... Au revoir, messieurs!...

SCÈNE IV

DANGLARS, FERNAND, CADEROUSSE.

CADEROUSSE.

En voilà, de l'amour, ou je ne m'y connais pas !

DANGLARS, à Fernand.

Ah çà ! mon cher monsieur, voilà un mariage qui ne paraît pas faire le bonheur de tout le monde.

FERNAND.

Il me désespère!...

DANGLARS.

Vous aimiez Mercédès?

FERNAND.

Je l'adorais!...

DANGLARS.

Depuis longtemps?

FERNAND.

Depuis que nous nous connaissons, je l'ai toujours aimée!...

DANGLARS.

Et vous êtes là, à vous arracher les cheveux, au lieu de chercher remède à la chose?... Que diable! je ne croyais pas que ce fût ainsi qu'agissaient les gens de votre nation!... Voyons, vous me paraissez un gentil garçon, et je voudrais, le diable m'emporte, vous tirer de peine; mais...

CADEROUSSE.

Oui, voyons!...

DANGLARS, à Caderousse.

Mon cher, tu es aux trois quarts ivre; achève la bouteille, et tu le seras tout à fait; bois, et ne te mêle pas de ce que nous faisons: pour ce que nous faisons, il faut avoir toute sa tête!

CADEROUSSE.

Moi, ivre?... Allons donc! j'en boirais encore quatre, de tes bouteilles!... qui ne sont pas plus grandes qu'un flacon d'eau de Cologne!... Père Pamphile!... du vin!...

FERNAND, à Danglars.

Vous disiez donc, monsieur?...

DANGLARS.

Que disais-je?... Ma foi, je ne me le rappelle plus; cet ivrogne de Caderousse m'a fait perdre le fil de mes idées.

CADEROUSSE.

Ivrogne, tant que tu voudras... Tant pis pour ceux qui craignent le vin! c'est qu'ils ont peur que le vin ne leur fasse sortir du cœur leurs mauvaises pensées!

FERNAND.

Vous disiez, monsieur, que vous voudriez me tirer de peine; mais, ajoutiez-vous...

DANGLARS.

Oui; mais, ajoutais-je, pour vous tirer de peine, il suffit que Dantès n'épouse pas celle que vous aimez, et le mariage peut très-bien manquer, ce me semble, sans que Dantès meure!

FERNAND.

Impossible!...

CADEROUSSE.

Vous raisonnez comme un coquillage, mon ami, et voilà Danglars, qui est un finaud, un malin, un *grec*, qui va vous prouver que vous avez tort... Prouve, Danglars! j'ai répondu de toi: dis, qu'il n'est pas besoin que Dantès meure. D'ailleurs, ce serait fâcheux, qu'il mourût, Dantès... C'est un bon garçon ! je l'aime, moi, Dantès... A ta santé, Dantès !...

DANGLARS.

Laissez-le dire; et, d'ailleurs, tout ivre qu'il est, il ne fait point si grande erreur... L'absence disjoint tout aussi bien que la mort; et, supposons qu'il y ait entre Edmond et Mercédès les murailles d'une prison, ils seront séparés ni plus ni moins que s'il y avait la pierre d'une tombe.

CADEROUSSE.

Oui; mais on sort de prison... et, quand on est sorti de prison, et qu'on s'appelle Edmond Dantès... on se venge !...

FERNAND.

Qu'importe ?...

CADEROUSSE.

D'ailleurs, pourquoi mettrait-on Dantès en prison ? Il n'a ni volé, ni tué, ni assassiné !

DANGLARS.

Tais-toi !...

CADEROUSSE.

Je ne veux pas me taire, moi ! Je veux qu'on me dise pourquoi on mettrait Dantès en prison... Moi, j'aime Dantès... A ta santé, Dantès !

DANGLARS.

Eh bien, comprenez-vous, maintenant, qu'il n'y ait pas besoin de le tuer ?...

FERNAND.

Non, certes, si, comme vous le disiez tout à l'heure, on avait le moyen de faire arrêter Dantès... Mais, ce moyen, l'avez-vous ?

DANGLARS.

En cherchant bien, on pourrait le trouver... Mais de quoi diable vais-je me mêler là ?... Est-ce que cela me regarde ?

FERNAND.

Je ne sais pas si cela vous regarde, mais ce que je sais, c'est que vous avez quelque motif de haine particulière contre Dantès : celui qui hait lui-même ne se trompe pas aux sentiments des autres !

DANGLARS.

Moi, des motifs de haine contre Dantès ?... Aucun, sur ma parole !... Je vous ai vu malheureux, et votre malheur m'a intéressé; voilà tout. Mais, du moment que vous croyez que j'agis pour mon propre compte;. adieu, mon cher ami... Tirez-vous d'affaire comme vous pourrez !

FERNAND, le retenant.

Non pas, restez ! Peu m'importe, au bout du compte, que vous en vouliez à Dantès ou que vous ne lui en vouliez pas... Je lui en veux, moi, je l'avoue hautement; trouvez le moyen, et je l'exécute, pourvu qu'il n'y ait pas mort d'homme; car Mercédès a dit qu'elle se tuerait, si l'on tuait Dantès...

CADEROUSSE.

Tuer Dantès !... Qui parle ici de tuer Dantès?... Je ne veux pas qu'on le tue, moi ! C'est mon ami ; il a offert, ce matin, de partager son argent avec moi, comme j'ai partagé le mien avec lui... Je ne veux pas qu'on tue Dantès !

DANGLARS.

Eh ! qui te parle de le tuer, imbécile ?... Il s'agit d'une simple plaisanterie... Bois à sa santé, et laisse-nous tranquilles !

CADEROUSSE, buvant.

Oui, oui, à la santé de Dantès !... à sa santé !... à sa santé... la !...

FERNAND.

Mais le moyen... le moyen?...

DANGLARS.

Vous ne l'avez donc pas trouvé encore, vous ?

FERNAND.

Non; vous vous en êtes chargé...

DANGLARS.

Garçon, une plume, de l'encre et du papier.

FERNAND, criant.

Une plume, de l'encre et du papier !

LE GARÇON.

Vous avez tout cela sur la table... M. Morel vient de faire la carte du dîner.

DANGLARS.

Bien... Venez !...

CADEROUSSE, montrant le papier.

Quand on pense qu'il y a de quoi tuer un homme plus sûrement que si on l'attendait au coin d'un bois pour l'assassiner !... J'ai toujours eu plus peur d'une plume, d'une bouteille d'encre et d'une feuille de papier que d'une épée ou d'un pistolet !

DANGLARS.

Le drôle n'est pas si ivre qu'il en a l'air; versez-lui donc à boire, Fernand!...

CADEROUSSE, fredonnant.

Ah! si l'amour prenait racine,
J'en planterais dans mon jardin...

FERNAND, après avoir versé.

Eh bien?...

DANGLARS.

Eh bien, je disais donc, par exemple, que, si, apres un voyage comme celui que vient de faire Dantès, et dans lequel il a touché à Naples et à l'île d'Elbe, quelqu'un le dénonçait comme agent bonapartiste...

FERNAND.

Je le dénoncerai, moi!...

DANGLARS.

Non, non; si on se décidait à une pareille chose, voyez-vous, il vaudrait mieux prendre tout bonnement, comme je le fais, cette plume... la tremper dans l'encre, et écrire de la main gauche, pour que l'écriture ne fût pas reconnue, une petite dénonciation ainsi conçue...

FERNAND, lisant.

« M. le procureur du roi... »

DANGLARS.

Une dénonciation, à qui ça s'adresse-t-il?... Au procureur du roi...

CADEROUSSE se lève et fredonne en trébuchant.

J'en planterais et si long et si large,
Que j'en ferais présent à tous mes camarades.
Vive l'amour! vive le vin!
Vive l'amour dans un jardin!

DANGLARS.

« M. le procureur du roi est prévenu, par un ami du trône et de la religion, que le nommé Edmond Dantès, second du navire *le Pharaon*, arrivé ce matin de Smyrne, après avoir touché à Naples et à Porto-Ferraïo, a été chargé par Murat d'une lettre pour l'usurpateur, et par l'usurpateur d'une lettre pour le comité bonapartiste de Paris. On aura la preuve de son crime en l'arrêtant; car on trouvera cette lettre, ou sur lui, ou chez son père, ou dans sa cabine, à bord du *Pharaon*... »

FERNAND.

Ah !

DANGLARS.

Vous comprenez... Ainsi, votre vengeance aurait le sens commun; car d'aucune façon, alors, elle ne pourrait retomber sur vous, et la chose irait toute seule; il n'y aurait plus qu'à plier cette lettre, comme je le fais, et à écrire dessus. (Écrivant.) « A monsieur le procureur du roi... » Tout serait dit !...

CADEROUSSE.

Oui, tout serait dit !... seulement, ce serait une infamie.

DANGLARS.

Aussi, ce que je dis et ce que je fais, c'est en plaisantant, et, le premier, je serais bien fâché qu'il lui arrivât quelque chose, à ce bon Dantès... Aussi, tiens !...

(Il froisse la lettre et la jette.)

CADEROUSSE.

A la bonne heure ! Dantès est mon ami, et je ne veux pas qu'on lui fasse du mal...

DANGLARS.

Eh ! qui diable y songe, à lui faire du mal ?... Ce n'est ni moi ni Fernand !

CADEROUSSE.

En ce cas, qu'on nous donne du vin... Je veux boire à la santé d'Edmond et de la belle Mercédès !...

DANGLARS.

Tu n'as déjà que trop bu, ivrogne, et, si tu continues...

CADEROUSSE.

Eh bien ?...

DANGLARS.

Tu ne pourras plus boire au dîner des fiançailles de ce cher Edmond.

FERNAND, à part.

Ah ! je ne puis souffrir cela... Que Dieu me pardonne ce que je vais faire !

(Il ramasse la lettre et se sauve.)

CADEROUSSE.

Eh bien, où va-t-il donc ?

DANGLARS.
Où veux-tu qu'il aille?... Aux Catalans!..
CADEROUSSE.
Aux Catalans?... Il va à Marseille!... Que diable! je vois bien qu'il va à Marseille, moi... Fernand! Fernand!...
DANGLARS.
Allons, rassieds-toi... Tu ne peux pas te tenir sur tes jambes...
CADEROUSSE.
Moi! je parie que je monte au clocher des Accoules, et sans balancier encore!... C'est comme la lettre...
DANGLARS.
Quelle lettre?...
CADEROUSSE.
La lettre, donc... la lettre qui était là... Elle y était... elle n'y est plus!... Je veux la lettre!... la lettre!... (Danglars lui présente un verre de vin; il boit.) Ah! que tu me connais bien!...
DANGLARS, à part.
Il était temps! les voilà...

SCÈNE V

Les Mêmes, GRINGOLE, PÉNÉLON, quatre Matelots.

GRINGOLE
Par ici, vous autres! par ici!... Venez donc... On a bien du mal à faire votre bonheur...
PÉNÉLON.
Tais-toi donc... que tu nous déranges... que tu nous dis de nous faire beaux!...
GRINGOLE.
Beaux?... Je n'ai pas pu vous dire cela... Propres, c'est possible... Vous êtes propres, il n'y a rien à dire... Moi, je suis très-beau et très-élégant!... Quant à votre dérangement, patron, j'espère que vous ne me ferez pas mettre à la cale pour cela...
PÉNÉLON.
Tais-toi donc!...
UN MATELOT.
Voyons, pourquoi nous amènes-tu ici?

GRINGOLE, *montrant des rubans.*

Savez-vous ce que c'est que cela?

LE MATELOT.

C'est du ruban blanc et rouge...

GRINGOLE.

J'ai acheté cela sur la Cannebière... Toutes mes économies y ont passé: vingt-sept sous!... C'est la jarretière de la mariée... Je suis le plus jeune, c'est à moi l'honneur... Dame, ça coûte! mais ça flatte!

PÉNÉLON.

Tu vas à la noce? Tais-toi donc!...

GRINGOLE.

A la noce!... Je suis invité, et je vous emmène!...

LE MATELOT.

A la noce de qui?...

GRINGOLE.

Voilà... J'étais comme ça sur le port à bourlinguer... Je montais mon ménage aux boutiques à six blancs, quand je vois passer notre lieutenant, M. Edmond. Il filait toutes voiles dehors, avec jubilation. « Gringole! qu'il me crie. Holà! Gringole! accoste!... » J'accoste... « Je me marie, qu'il ajoute en rayonnant comme un soleil, et je veux que ma noce soit une fête pour tout *le Pharaon*... Préviens le maître de ma part; préviens tous mes bons amis, et amène-les à la Réserve... » Deux temps, cinq mouvements! Je vide le fond de ma bourse sur le comptoir de la mercière, le fond du coffre sur mon dos... Et voilà!...

TOUS.

Bravo, Gringole!...

LE MATELOT.

A la noce du lieutenant!...

GRINGOLE.

Et ce sera un peu composé! M. Morel en est!...

PÉNÉLON.

M. Morel?

GRINGOLE.

Témoin de la mariée! rien que ça!...

PÉNÉLON.

Tais-toi donc!...

GRINGOLE.

Si vous en doutez, maître Pénélon, regardez à bâbord... L'écoutille est ouverte, et le soleil luit pour tout le monde !...

LE MATELOT.

En effet, les voilà qui viennent...

GRINGOLE.

Oh ! quelle bonne noce !... Et comme c'est heureux pour vous que je sois venu au monde avec des jambes qui vous ont rattrapés aux quatre coins de Marseille en une heure de temps !... Ah ! voilà M. Morel !... voilà le lieutenant !... voilà son père ! voilà tout le monde ! et il n'y a pas la vilaine tête de monsieur... (Il vient se heurter à Danglars.) Tiens ! M. Danglars !... Qu'est-ce que vous faites donc ici, vous ?

DANGLARS.

Tu vois, mon ami : j'attends notre ami Edmond.

GRINGOLE.

Ah ! ah ! vous en êtes, vous, monsieur Danglars ?... Tant mieux ! tant mieux ! (A part.) C'est drôle, comme je ne l'aurais pas invité, moi !

PÉNÉLON.

Tais-toi donc !

LE MATELOT.

Ils se sont raccommodés ; ils voulaient s'éventrer l'autre jour...

GRINGOLE.

C'est-à-dire que M. Edmond voulait éventrer M. Danglars ; mais le comptable a filé son nœud, et, comme c'est un fin voilier, on l'a vu reparaître... sous un autre pavillon... Mais silence ! voici les fiancés !

LE MATELOT.

Oh ! oh ! c'est la fiancée, cette belle fille ?

GRINGOLE.

Un peu !... Est-ce pas, maître Pénélon, qu'elle a un avant bien agréable !

PÉNÉLON.

Tais-toi donc !

SCÈNE VI

Les Mêmes, EDMOND, MERCÉDÈS, DANTÈS, MOREL, DANGLARS, FERNAND, CADEROUSSE, Invités.

EDMOND.

Bonjour, mes enfants !... Monsieur Morel, vous avez permis, n'est-ce pas, que ces braves gens fussent des nôtres ?

MOREL.

Comment donc ! ne sont-ce pas tes compagnons ?

EDMOND.

Dites mes amis...

GRINGOLE, aux Matelots.

Voyez-vous ?... entendez-vous ?

DANTÈS.

Eh bien, père Pamphile, la table !...

PAMPHILE, montrant la table.

Il me semble qu'il n'y a rien à dire. Dans cinq minutes, tout sera prêt.

EDMOND.

Dans cinq minutes, entendez-vous ? Pas dans dix... Nous sommes pressés.

CADEROUSSE.

J'entends la voix d'Edmond... Où est-il, Edmond ? Bonjour, Edmond !

EDMOND.

Ah ! ah ! c'est toi, Caderousse ! Eh bien; à la bonne heure, tu n'es pas en retard, mon ami !... Et ta femme, l'as-tu amenée ?

CADEROUSSE.

Ma foi, non !

EDMOND.

Pourquoi cela ?

CADEROUSSE.

Parce que je n'ai pas quitté d'ici.

EDMOND.

Ne pourrais-tu pas l'aller chercher ?

CADEROUSSE.

Là-bas, là-bas ?... Oh ! il y a trop loin.

MERCÉDÈS.

Oh ! comme c'est mal, ce que vous dites-là

CADEROUSSE.

Vous trouvez, madame la mariée?

MERCÉDÈS.

Oh! pas encore mariée, monsieur Caderousse!

EDMOND.

Voyons, Mercédès, ce n'est pas la peine de le démentir pour si peu, ce cher voisin...

DANGLARS.

Comment, pour si peu?...

EDMOND.

Sans doute... Mercédès n'est pas encore ma femme, c'est vrai; mais, dans une heure et demie, elle le sera!...

DANGLARS.

Dans une heure et demie?...

EDMOND.

Eh! mon Dieu, oui, mes amis... Grâce au crédit de M. Morel, l'homme auquel, après Dieu, je dois le plus au monde, toutes les difficultés sont aplanies... Nous avons acheté les bancs, et, à deux heures et demie, M. le maire nous attend à l'hôtel de ville. Or, comme une heure un quart vient de sonner, je ne crois pas me tromper de beaucoup en disant que, dans une heure et demie, Mercédès s'appellera madame Dantès!

DANTÈS.

C'est bien agir, cela, hein!... Cela s'appelle-t-il perdre du temps, à votre avis? Arrivé hier matin, marié aujourd'hui à trois heures! Parlez-moi des marins pour aller rondement en besogne!

DANGLARS.

Mais les autres formalités... le contrat, les écritures?...

EDMOND.

Le contrat, il est tout fait... Mercédès n'a rien, je n'ai rien... Nous nous marions sous le régime de la communauté!... Voilà!... Ça n'a pas été long à écrire, ce ne sera pas long à payer...

CADEROUSSE.

Ainsi, ce que nous prenions pour un repas de fiançailles est tout bonnement un repas de noces?

EDMOND.

Non pas, voisin... et vous n'y perdrez rien, soyez tranquille... Demain matin, je pars pour Paris... Quatre jours pour aller, quatre jours pour revenir, un jour pour faire en conscience la commission dont je suis chargé, et, le 4 mars, je suis de retour... Au 5 au plus tard donc, le mariage à l'église, et le véritable repas de noces!

PÉNÉLON, à demi-voix.

Dites-donc, mon lieutenant... et d'ici là?...

EDMOND.

D'ici là?...

PÉNÉLON.

Est-ce qu'il n'y aura pas quelque petit abordage?

EDMOND.

Chut!...

MERCÉDÈS.

Que dit-il?

EDMOND.

Rien, chère Mercédès... Il dit que vous êtes belle et que je vous aime.

PAMPHILE.

A table, messieurs! à table!

GRINGOLE.

Eh bien, et moi?...

EDMOND.

Avec toute la bonne volonté du monde, Gringole, il n'y a pas de place ici pour toi!

GRINGOLE.

Eh bien, je demande la présidence à la petite table... Personne ne réclame?... Adjugé!

EDMOND.

Allons, à table!... (Il s'assied.) Qu'est-ce que cela?...

MOREL.

Lisez, Edmond.

EDMOND.

Ma commission de capitaine, signée de vous, et de votre associé!... Oh! monsieur Morel! oh! mon père!...

MOREL.

C'est mon cadeau de noces.

EDMOND.

Mes amis, mes bons amis! remerciez pour moi M. Morel... Quant à moi, je n'ai plus de voix, plus de paroles!...

LES MATELOTS.

Vive notre capitaine!...

CADEROUSSE.
Vive notre capitaine !...

MOREL.
Et tenez, Dantès, voici le plus beau remercîment qu'ils puissent me faire, ces braves gens !...

SCÈNE VII

Les Mêmes, un Inconnu.

PAMPHILE, à Edmond.
Dites donc, monsieur Edmond ?...

EDMOND.
Quoi ?

PAMPHILE.
Il y a là un monsieur qui veut vous parler.

EDMOND.
A moi ?

PAMPHILE, montrant l'Inconnu.
Oui.

EDMOND.
Continuez, mes amis... Je suis à vous, monsieur Morel.

MOREL.
Bien, bien... J'accepte la vice-présidence !

DANGLARS.
Ah ! ah ! c'est l'inconnu qui cherchait Edmond ; que lui veut-il ?...

EDMOND.
Vous désirez me parler, monsieur ?

L'INCONNU.
Vous êtes le second du *Pharaon ?*

EDMOND.
C'est-à-dire, monsieur ; depuis un instant, j'en suis le capitaine...

L'INCONNU.
Peu importe !... Je me suis informé, monsieur, et j'ai appris que votre bâtiment avait touché à Malte, à Naples et à l'île d'Elbe...

EDMOND.
C'est vrai, monsieur.

L'INCONNU.

J'ai appris, en outre, que le capitaine Leclère, qui était de mes amis, est mort entre Civita-Vecchia et Porto-Ferraïo.

EDMOND.

C'est encore vrai.

L'INCONNU.

Maintenant, monsieur, comme succédant au capitaine Leclère, n'avez-vous pas été chargé de quelque commission ?

EDMOND.

Pour quel pays ?

L'INCONNU.

Pour l'île d'Elbe, par exemple ?

EDMOND.

Oui, monsieur.

L'INCONNU.

Et à l'île d'Elbe...

EDMOND.

Eh bien ?...

L'INCONNU.

N'avez-vous pas été chargé d'une autre commission, qui n'était que la suite de la première ?

EDMOND.

Pour quelle ville ?

L'INCONNU.

Pour Paris.

EDMOND.

C'est vrai.

L'INCONNU.

Cette commission, n'était-ce point une lettre ?

EDMOND.

Oui.

L'INCONNU.

Ne deviez-vous pas la porter vous-même ?

EDMOND.

Oui.

L'INCONNU.

Et ne vous était-il pas recommandé de ne la remettre qu'en mains propres ?

EDMOND.

Oui.

L'INCONNU.

Rue Coq-Héron, numéro...

EDMOND.

Numéro 5.

L'INCONNU.

A monsieur...?

EDMOND.

Dites la moitié du nom, j'achèverai.

L'INCONNU.

A M. Noir...

EDMOND.

Tier!...

L'INCONNU.

A M. Noirtier, c'est cela... Eh bien, M. Noirtier, c'est moi...

EDMOND.

C'est vous?

L'INCONNU.

Je vous en donnerai la preuve quand vous voudrez.

EDMOND.

Monsieur, je n'ai point la lettre ici, sur moi...

L'INCONNU.

Où est-elle?

EDMOND.

Dans ma cabine, à bord du *Pharaon*.

L'INCONNU.

Monsieur, cette lettre est pour moi d'une énorme importance... et vous le comprendrez facilement, puisque vous deviez entreprendre le voyage de Paris à cette seule fin de me la remettre.

EDMOND.

Eh bien, monsieur, ce soir, à cinq heures, prouvez-moi que vous êtes M. Noirtier, et je vous la remettrai.

L'INCONNU.

Où cela?

EDMOND.

A bord du *Pharaon*, si vous voulez bien venir m'y joindre.

L'INCONNU.

C'est bien, monsieur, j'y serai.

EDMOND.

En attendant, monsieur, nous sommes en fête, et, si vous voulez être des nôtres...

L'INCONNU.

Merci... A ce soir à cinq heures, à bord du *Pharaon!...*

EDMOND.

C'est dit.

L'INCONNU, à Pamphile.

Faites servir à déjeuner... Un cabinet!

PAMPHILE.

Conduisez monsieur au n° 5.

SCÈNE VIII

LES MÊMES, hors L'INCONNU.

MOREL, à Pamphile.

Eh bien ?...

EDMOND.

Eh bien, monsieur Morel, tous les bonheurs m'arrivent ensemble : il est probable que je n'aurai pas même besoin d'aller à Paris.

MOREL.

Ah! ce monsieur avec lequel vous parliez...?

EDMOND.

Ce monsieur avec lequel je parlais va m'épargner le voyage, selon toute probabilité.

MERCÉDÈS.

Nous ne nous quitterons pas, alors...?

EDMOND.

Non, Mercédès, pas une heure, pas une minute, pas une seconde !

LA CARCONTE, entrant.

Ah! j'étais bien sûre de te retrouver au cabaret.

CADEROUSSE.

Et en bonne compagnie, comme tu vois.

EDMOND.

Chère madame Caderousse, ce n'est pas ma faute si vous n'êtes pas là, en face de votre mari ; je lui avais dit d'aller vous chercher; mais je n'ose pas vous dire ce qu'il m'a répondu.

CADEROUSSE.
J'ai répondu qu'il y avait trop loin, voilà.
LA CARCONTE.
Ah ! je le reconnais bien là.
EDMOND.
Mais, puisque notre bonne fortune vous amène... allons, venez ici !
LA CARCONTE.
Près de vous ?
EDMOND.
N'êtes-vous pas ma voisine ?... Qu'il en soit ici comme aux allées de Meilhan.
LA CARCONTE.
Excusez-moi, monsieur Edmond.
EDMOND.
Et de quoi ?
LA CARCONTE.
Dame, si on avait su cela, on se serait faite belle.
EDMOND.
Eh ! vous êtes charmante avec votre costume d'Arlésienne... Allons, allons !...
PÉNÉLON.
Capitaine, sans vous commander, pourrait-on vous en chanter une ?
EDMOND.
Toi ? Non !... je connais tes chansons, et je ne m'y fie pas.
UN MATELOT.
Et Gringole ?
EDMOND.
Va pour Gringole.
TOUS.
Gringole, oui, Gringole !

GRINGOLE, chantant.

I

Quand le marin quitte la plage,
Il craint, dans l'ombre enseveli,
La mer sans fond comme l'oubli,
L'oubli mortel comme l'orage.

Calmes, joyeux jusqu'au retour,
Livrons au vent toute la voile.

Contre la nuit, Dieu fit l'étoile.
Contre l'oubli, Dieu fit l'amour.

II

Terre là-bas!... c'est la patrie!
Courage, amis! le ciel est pur...
Au port, rayonnant dans l'azur,
La fiancée attend et prie.

Calmes, joyeux, etc.

(Au moment où le dernier refrain finit, on aperçoit au fond des Gendarmes et un Commissaire.)

GRINGOLE.

Qu'est-ce que cela?

MERCÉDÈS.

Mon Dieu!...

GRINGOLE.

Des gendarmes!... un commissaire!...

MERCÉDÈS.

Edmond, j'ai peur!...

EDMOND.

Et de quoi?...

MERCÉDÈS.

Je ne sais, mais j'ai peur!...

DANGLARS, à part.

Il a remis la lettre!...

SCÈNE IX

Les Mêmes, un Agent de police, un Brigadier et quatre Gendarmes.

L'AGENT.

Gardez les portes, messieurs!

MOREL, s'avançant.

Qu'y a-t-il?... Bien certainement, monsieur, c'est quelque méprise qui vous amène?

L'AGENT.

S'il y a méprise, monsieur Morel, croyez que cette méprise sera promptement réparée; en attendant, je suis porteur d'un mandat d'arrêt, et, quoique ce soit avec regret que je remplis ma mission, il ne faut pas moins que je la remplisse!... Lequel de vous, messieurs, est Edmond Dantès?

EDMOND, faisant un pas en avant.

C'est moi, monsieur.

L'AGENT.

Edmond Dantès! au nom de la loi, je vous arrête!

EDMOND.

Vous m'arrêtez, monsieur?... et pourquoi m'arrêtez-vous?...

L'AGENT.

Je l'ignore; mais votre premier interrogatoire vous l'apprendra.

MERCÉDÈS.

Edmond!...

DANTÈS.

Monsieur, monsieur, au nom du ciel, vous devez savoir pourquoi vous l'arrêtez; c'est mon fils, monsieur; oh! un mot, je vous en supplie!...

MOREL.

Décidément, monsieur, il y a erreur; ce jeune homme est arrivé seulement ce matin; je réponds de lui.

L'AGENT, à Dantès.

Tranquillisez-vous, monsieur; peut-être votre fils a-t-il négligé quelque formalité de douane ou de santé... et, selon toute probabilité, lorsqu'on aura reçu de lui les renseignements que l'on désire, il sera remis en liberté.

MERCÉDÈS.

Edmond!...

CADEROUSSE, à Danglars.

Ah çà! qu'est-ce que cela signifie?

DANGLARS.

Le sais-je, moi?... Je suis comme toi, je regarde ce qui se passe, et je demeure confondu.

MERCÉDÈS.

Edmond...

(Elle se jette dans ses bras.)

CADEROUSSE.

Oh! oh! serait-ce la suite de la plaisanterie dont vous parliez tout à l'heure, Danglars?... En ce cas, malheur à celui qui l'aurait faite, car elle est bien triste!

LA CARCONTE.

Quelle plaisanterie?

DANGLARS.

Pas du tout! tu sais bien que je l'ai déchiré, ce papier!

CADEROUSSE.

Tu ne l'as pas déchiré, tu l'as jeté dans un coin... là, et il n'y est plus!...

LA CARCONTE.

Quel papier?

DANGLARS.

Tais-toi, tu n'as rien vu, tu étais ivre!

CADEROUSSE.

Oui; mais voilà que je me dégrise!... Où est Fernand?

DANGLARS.

Le sais-je, moi?... A ses affaires, probablement.

CADEROUSSE, à part.

Fernand a fait le coup!...

LA CARCONTE.

Quel coup?... et que veux-tu dire?

GRINGOLE, bas, à Edmond.

Monsieur Edmond, nous avons là six matelots; ils demandent comme cela s'il faut verser les gendarmes par les sabords?

EDMOND.

Non, pas un mot, pas un geste, mon bon Gringole... Respect à la loi!

GRINGOLE.

Oh! capitaine, ça serait si vite fait!...

EDMOND.

Soyez tranquilles, mes amis, soyez tranquilles, l'erreur va s'expliquer, et il est probable que je n'irai pas même jusqu'à la prison...

DANGLARS.

Oh! bien certainement! j'en répondrais, moi!...

MERCÉDÈS.

Puis-je le suivre, monsieur?

L'AGENT.

Non; mais, sans doute, vous obtiendrez cette permission plus tard.

EDMOND.

Mercédès, Mercédès, je te recommande mon père... Regarde, regarde ! ne dirait-on pas qu'il va mourir ?...

MERCÉDÈS, allant à Dantès.

Mon père !... mon père !...

EDMOND.

Adieu, Mercédès !... adieu !...

MERCÉDÈS.

Edmond ! mon Edmond !... Ah ! je me meurs !

MOREL.

Ne craignez rien, mon enfant ! ne suis-je pas là ?

L'INCONNU, sur le seuil de la porte.

Oh ! oh ! que signifie tout cela ?... Gare à moi !...

CINQUIÈME TABLEAU

Le cabinet de M. de Villefort.

SCÈNE PREMIÈRE

VILLEFORT, UN HOMME DE LA POLICE.

VILLEFORT.

Eh bien, monsieur, celui que nous cherchons depuis hier, en avons-nous des nouvelles ?

L'HOMME.

Oui, monsieur, il a été vu sur le pont au moment où il descendait d'une barque de promenade, puis vers les allées de Meilhan, puis du côté de la Réserve !

VILLEFORT.

Et c'est bien l'homme du signalement que je vous ai donné : quarante ou quarante-cinq ans, cheveux noirs, favoris noirs, redingote boutonnée, rosette d'officier de la Légion d'honneur ?...

L'HOMME.

C'est bien cela, oui, monsieur...

VILLEFORT.

Alors, vous le ferez arrêter, et vous l'amènerez ici... Que voulez-vous, Germain ?

GERMAIN.

Ces dames font demander à monsieur s'il veut passer chez elles pour y prendre le thé.

VILLEFORT.

Dites à ces dames que je suis cloué ici pour une heure au moins encore, et qu'elles seraient bien aimables de venir me trouver dans mon bureau... Si elles acceptent, vous servirez le thé ici.

L'HOMME.

Maintenant, en l'absence du procureur du roi...

VILLEFORT.

Il faut agir comme s'il y était... Lancez toute votre brigade sur l'homme à la redingote... Il m'est signalé comme un personnage très-dangereux, et dont il faut que nous nous emparions... Allez !

SCÈNE II

VILLEFORT, RENÉE, puis GERMAIN.

RENÉE.

Ah ! l'affreux métier, mon ami ! toujours des malheureux !

VILLEFORT.

Dites toujours des coupables, Renée !...

RENÉE.

Mon ami, moins que personne, vous devez oublier qu'en politique surtout, les coupables d'une époque sont les martyrs de l'autre.

VILLEFORT.

Et vous aussi, Renée, vous voilà, comme vos parents, me faisant un crime des opinions de mon père ?

RENÉE.

Ah ! comment pouvez-vous croire cela !

VILLEFORT.

Et, cependant, vous le voyez, si je suis sévère pour les autres, je ne le suis pas moins pour moi-même... Mon père professait une autre opinion que moi; mon père, après avoir été girondin en 93, avait été sénateur en 1806... Eh bien, non-seulement j'ai rompu avec mon père, mais je l'ai même presque renié ; je me suis séparé non-seulement de ses principes, mais encore de son nom : il s'appelait Noirtier, je me suis appelé Villefort, et mes amis les plus intimes savent seuls l'indissoluble mais secrète union qui existe entre ces deux noms... Maintenant, tout est divisé entre nous : fortune, famille, avenir. Je ne sais s'il connaît ma position ; mais, moi, j'ignore entièrement ce qu'il fait, je ne veux pas le savoir... Depuis la chute de l'usurpateur, je ne l'ai pas vu, je ne lui ai pas écrit, je n'ai pas reçu de ses lettres... Eh ! mon Dieu, que pouvais-je donc faire de plus ?

RENÉE.

Voyons, mon ami, laissez un instant cet affreux cabinet, et tous ces horribles papiers qui ne parlent que de mort, que de prisons, que de cachots, et venez chez moi respirer l'air de tout le monde... S'il arrivait quelque chose, on vous préviendrait... Ma mère, madame de Nargonne, M. de Salvieux et mon père sont là.

VILLEFORT.

Allons, il le faut bien, puisque vous le voulez. (A un Valet qui entre.) Qu'est-ce que cela, Germain ?

GERMAIN.

De la part du secrétaire de M. le procureur du roi.

VILLEFORT.

Une lettre et une liasse !... Attendez, Renée, je suis à vous... Il n'y a rien autre chose ?

GERMAIN.

Non, monsieur.

VILLEFORT.

Laissez-nous.

RENÉE.

Vous lirez cela plus tard... Voyons...

VILLEFORT.

Attendez que je parcoure au moins cette lettre... Ah ! ah !...

RENÉE.

Encore quelque chose de nouveau ?

VILLEFORT.

Presque rien, chère amie... Il paraît qu'on vient de découvrir un complot bonapartiste

RENÉE.

Ah ! mon Dieu !

VILLEFORT.

En vérité, je leur en voudrais mortellement, à tous ces mauvais Français-là, chère Renée, ne fût-ce qu'à cause des terreurs qu'ils vous causent. La lettre est courte, mais elle est claire... « M. le procureur du roi est prévenu, par un ami du trône et de la religion que le nommé Edmond Dantès, second du navire *le Pharaon*, arrivé ce matin de Smyrne, après avoir touché à Naples et à Porto-Ferraïo, a été chargé par Murat d'une lettre pour l'usurpateur, et par l'usurpateur d'une lettre pour le comité bonapartiste de Paris. On aura la preuve de son crime en l'arrêtant ; car on trouvera cette lettre, ou sur lui, ou chez son père, ou dans sa cabine, à bord du *Pharaon*. »

RENÉE.

Mais cette lettre n'est qu'une lettre anonyme ; et d'ailleurs, elle est adressée à M. le procureur du roi, et non à vous.

VILLEFORT.

Oui, chère amie ; mais le procureur du roi est absent ; en son absence, l'épître doit parvenir à son secrétaire ; il l'a ouverte, il a donné des ordres pour l'arrestation, et, maintenant que l'homme est arrêté, probablement, il me renvoie la lettre et le dossier...

GERMAIN, annonçant.

M. Morel !

VILLEFORT.

Qu'est-ce que M. Morel ?

GERMAIN.

C'est l'armateur... Monsieur doit le connaître ; il est à la tête d'une des premières maisons de Marseille.

VILLEFORT.

Justement, c'est le patron du *Pharaon*, je crois... Est-il seul ?...

GERMAIN.

Il est avec une jeune femme, vêtue en Catalane.

VILLEFORT.

Retournez-vous près de votre mère, Renée ?...

RENÉE.

Serait-ce bien indiscret que je restasse ?... Je ne sais pourquoi, je m'intéresse à ce pauvre jeune homme.

VILLEFORT.
Restez; je n'y vois pas d'inconvénient... Faites entrer, Germain.

SCÈNE III

VILLEFORT, MOREL, MERCÉDÈS, RENÉE, puis UN HUISSIER

VILLEFORT.
Vous arrivez à propos, monsieur... Peut-être vous eussé-je envoyé chercher tout à l'heure.
MOREL.
Alors, vous savez déjà ce qui m'amène... Imaginez-vous, monsieur, que l'on vient de commettre la méprise la plus étrange, la plus inouïe... On vient d'arrêter le second d'un de mes bâtiments...
VILLEFORT.
Je le sais, monsieur; et l'affaire est même très-grave!...
MERCÉDÈS.
Ah! mon Dieu!...
MOREL.
Monsieur, vous ne connaissez pas celui qu'on accuse, cela se voit bien... Imaginez-vous l'homme le plus doux, l'homme le plus probe... et j'oserai presque dire un des meilleurs officiers de la marine marchande.
VILLEFORT.
Vous savez, monsieur, qu'on peut être doux dans sa vie privée, probe dans les relations sociales, savant dans son état, et n'en être pas moins, politiquement parlant, un grand coupable!...
MOREL.
Je vous en prie, monsieur de Villefort, soyez juste comme vous devez l'être, bon comme vous l'êtes toujours, et rendez le pauvre Edmond à son père et à sa fiancée.
MERCÉDÈS.
Ah! oui, à son père et à sa fiancée, monsieur!
VILLEFORT.
Et c'est vous qui êtes...?
MERCÉDÈS.
Oui, monsieur, c'est moi qu'il aime, c'est moi qui vous supplie à mon tour, comme vient de le faire M. Morel.

VILLEFORT.

Vous n'avez pas besoin de me supplier, mademoiselle... Si le prévenu est innocent, vous n'aurez pas fait un appel inutile à la justice ; mais, s'il est coupable...

MERCÉDÈS.

Il ne l'est pas, monsieur, j'en réponds, je le jure !...

VILLEFORT.

Cependant les apparences...

MERCÉDÈS.

Les apparences, vous le savez, ne sont point des preuves... Mais, les apparences fussent-elles contre lui, eh bien, monsieur, vous songerez, n'est-ce pas? à ce jeune homme qui entre dans la vie, qui a toujours été honorable et honoré, qui touchait aujourd'hui même au but de tous ses vœux !... vous songerez à cette existence qui allait être heureuse, et qu'une accusation inattendue vient frapper au milieu de son bonheur...

RENÉE.

Pauvre femme !

VILLEFORT.

Vous le comprenez, mademoiselle, un juge ne peut s'arrêter à de pareilles considérations.

MERCÉDÈS.

Monsieur, un juge est un homme, surtout quand ce juge a cette ressemblance avec celui qu'il va interroger, qu'il y a huit jours à peine, lui aussi, au comble de ses vœux, a épousé la femme qu'il aimait... Ah! songez donc, monsieur, cela ne pouvait pas vous arriver, je le sais bien; mais, enfin, supposez que cela se puisse... dites, quel eût été le désespoir de votre fiancée, si, de cette table où vous étiez assis près d'elle, on fût venu vous arracher pour vous conduire en prison?... Croyez-vous qu'elle eût fait, elle, cette distinction du coupable et de l'innocent?... Non, non, elle eût supplié celui qui fût venu pour vous juger, comme je vous supplie, vous qui allez juger Edmond... Elle vous eût dit: « Monsieur, celui qui est arrêté, c'est celui que j'aime ! celui qu'on sépare de moi, c'est celui qui allait être uni à moi !... Sa vie, c'est ma vie !... Monsieur, un mot de vous va nous faire éternellement heureux ou malheureux ! » Voilà ce qu'elle eût dit... N'est-ce pas, madame?... Ah! monsieur, au nom de celle qui vous aime, dont le cœur, j'en suis certaine, répond à mon cœur, dont les mains se joignent derrière vous, tandis que les miennes se joignent à vos pieds, monsieur... vous serez un juge demain... mais, aujourd'hui, soyez un homme !...

RENÉE.

Mon ami !...

MERCÉDÈS, suppliant.

Ah ! à genoux, à genoux, monsieur !...

VILLEFORT.

Eh bien, rassurez-vous, mademoiselle ; oui, vous avez su trouver un puissant auxiliaire ; oui, aujourd'hui, je suis un homme, et vous avez invoqué un nom qui a retenti jusqu'au fond du cœur de cet homme... et, s'il y a un moyen de vous rendre au bonheur...

MERCÉDÈS.

Eh bien ?...

VILLEFORT.

Eh bien, comptez sur moi.

MERCÉDÈS

Ah ! monsieur !...

MOREL.

Je vous l'avais bien dit !

UN HUISSIER.

Le prisonnier est là.

VILLEFORT.

Au reste, dans un quart d'heure, vous saurez à quoi vous en tenir.

RENÉE.

Venez, mademoiselle !... vous attendrez chez moi... Et vous, monsieur Morel, courez rassurer le pauvre père... (A Villefort.) Vous avez promis...

VILLEFORT.

Soyez tranquille, chère Renée !...

SCÈNE IV

VILLEFORT, L'HUISSIER, puis EDMOND.

VILLEFORT.

Faites entrer !... Qu'on nous laisse seuls !... Comment vous nommez-vous ?

4.

EDMOND.

Edmond Dantès.

VILLEFORT.

Que faites-vous?

EDMOND.

Je suis second à bord du *Pharaon*, qui appartient à M. Morel.

VILLEFORT.

Que faisiez-vous au moment où vous avez été arrêté?

EDMOND.

J'assistais au repas de mes fiançailles

VILLEFORT.

Continuez, monsieur.

EDMOND.

Que je continue?

VILLEFORT.

Oui.

EDMOND.

A quoi faire, s'il vous plaît, monsieur?

VILLEFORT.

A éclairer la justice.

EDMOND.

Que la justice me dise sur quel point elle désire être éclairée, je lui dirai tout ce que je sais... Seulement, je la préviens que je ne sais pas grand'chose.

VILLEFORT.

Avez-vous servi sous l'usurpateur?

EDMOND.

Non, monsieur; j'allais seulement être incorporé dans la marine militaire lorsqu'il est tombé.

VILLEFORT.

On dit vos opinions politiques exagérées...

EDMOND.

Mes opinions politiques, monsieur? C'est presque honteux à dire, mais je n'ai jamais eu ce qui s'appelle une opinion... Je suis destiné à ne jouer aucun rôle; le peu que je suis, c'est à M. Morel que je le dois... Aussi, toutes mes opinions, je ne dirai pas politiques, mais privées, se bornent-elles à trois sentiments: j'aime mon père, je respecte M. Morel, et j'adore Mercédès... Voilà, monsieur, tout ce que je puis dire

à la justice ; vous voyez que c'est peu intéressant pour elle.
VILLEFORT.
Monsieur, vous connaissez-vous quelques ennemis ?
EDMOND.
Des ennemis, à moi ?... J'ai le bonheur d'être trop peu de chose, pour que ma position m'en ait fait... Quant à mon caractère, un peu vif peut-être, j'ai toujours essayé de l'adoucir envers mes subordonnés... J'ai dix ou douze matelots sous mes ordres... Qu'on les interroge, monsieur, et ils vous diront qu'ils m'aiment et qu'ils me respectent, non pas comme un père, je suis trop jeune pour cela, mais comme un frère aîné.
VILLEFORT.
Mais, à défaut d'ennemis, peut-être avez-vous des jaloux... Vous avez été nommé capitaine à votre âge, ce qui est un poste élevé dans votre état ; vous allez épouser une jolie femme, qui vous aime, ce qui est un bonheur rare dans tous les états de la terre... Ces deux préférences du destin ont pu vous faire des envieux !
EDMOND.
Oui, vous avez raison, vous devez mieux connaître les hommes que je ne les connais, et c'est fort possible... Mais, si ces envieux devaient être parmi mes amis, je vous avoue que j'aime autant ne pas les connaître... pour ne pas être forcé de les haïr.
VILLEFORT.
Vous avez tort, monsieur : il faut toujours, autant que possible, voir clair autour de soi... et, en vérité, vous me paraissez un si digne, un si brave marin, que je vais m'écarter des règles ordinaires de la justice, et vous aider à faire jaillir la lumière, en vous communiquant la dénonciation qui vous amène devant moi... Voici le papier accusateur... Reconnaissez-vous l'écriture ?
EDMOND.
Non, monsieur, je ne connais pas cette écriture... Elle est déguisée, et cependant elle est d'une forme assez franche... En tout cas, c'est une main habile qui l'a tracée... Je suis bien heureux d'avoir affaire à un homme tel que vous, monsieur, car mon envieux est un véritable ennemi !
VILLEFORT.
Et maintenant, voyons, répondez franchement, non pas

comme un prévenu à son juge, mais comme un homme dans une fausse position répond à un autre homme qui s'intéresse à lui... Qu'y a-t-il de vrai dans cette accusation anonyme?

EDMOND.

En quittant Naples, le capitaine Leclère tomba malade d'une fièvre cérébrale; comme nous n'avions pas de médecin à bord, et qu'il ne voulut relâcher sur aucun point de la côte, pressé qu'il était de se rendre à l'île d'Elbe, sa maladie empira tellement, que, vers la fin du troisième jour, sentant qu'il allait mourir, il me fit appeler près de lui... « Mon cher Dantès, me dit-il, jurez-moi sur votre honneur de faire ce que je vais vous dire : il y va des plus hautes destinées! — Je vous le jure, capitaine, répondis-je. — Eh bien, comme, après ma mort, le commandement du navire vous appartient en qualité de second, vous prendrez ce commandement, vous mettrez le cap sur l'île d'Elbe, vous débarquerez à Porto-Ferraïo, vous demanderez le grand maréchal, vous lui remettrez cette lettre... Peut-être, alors, vous confiera-t-on une autre lettre, et vous chargera-t-on de quelque mission... Cette mission, qui m'était réservée, Dantès, vous l'accomplirez à ma place, et tout l'honneur en sera pour vous. — Je le ferai, capitaine; mais peut-être n'arrivera-t-on pas aussi facilement que vous le pensez auprès du grand maréchal? — Voici, dit le capitaine, une bague que vous lui ferez parvenir et qui lèvera toutes les difficultés... » A ces mots, il me remit une bague... Il était temps! deux heures après, le délire le prit... Le lendemain, il était mort!...

VILLEFORT.

Et que fîtes-vous?

EDMOND.

Ce que je devais faire, monsieur, ce que tout autre eût fait à ma place... En tout cas, les prières d'un mourant sont sacrées; mais, chez les marins, les prières d'un supérieur sont des ordres qu'on doit accomplir... Je fis donc voile pour l'île d'Elbe, où j'arrivai le lendemain. Je consignai tout le monde à bord, et je descendis seul à terre... Comme je l'avais prévu, on fit quelques difficultés pour m'introduire auprès du grand maréchal; mais je lui envoyai la bague qui devait me servir de moyen de reconnaissance, et toutes les portes s'ouvrirent devant moi. Il me reçut, m'interrogea sur les dernières circonstances de la mort du malheureux Leclère; et, comme celui-ci m'en avait prévenu, le grand maréchal me donna une lettre qu'il me chargea de remettre en personne à Paris... Je le lui promis, car c'était accomplir les dernières volontés de mon capitaine... De retour à Marseille, je réglai rapidement toutes les affaires du bord; puis je courus voir ma fiancée, que je retrouvai plus belle et plus aimante que jamais... Enfin, j'assistais, comme je vous l'ai dit, monsieur, au repas de mes fiançailles, j'allais me marier dans une heure lorsque, sur cette dénonciation, que vous paraissez maintenant mépriser autant que moi, je fus arrêté!... Voilà la vérité, monsieur, sur mon honneur de marin, sur mon amour pour Mercédès, sur la vie de mon père!

VILLEFORT.

Oui, oui, tout cela me paraît être la vérité, et, si vous êtes coupable, c'est d'imprudence; encore, cette imprudence est-elle légitimée par les ordres de votre capitaine!... Donnez-moi cette lettre qu'on vous a remise à l'île d'Elbe... Donnez-moi votre parole de vous représenter à la première réquisition, et allez rejoindre vos amis.

EDMOND.

Ainsi, monsieur, je suis libre?

VILLEFORT.

Oui... Seulement, donnez-moi cette lettre.

EDMOND.

Elle doit être devant vous, monsieur, car on me l'a prise avec mes autres papiers renfermés dans ma cabine.

GERMAIN, entrant.

Monsieur!...

VILLEFORT.

J'avais défendu qu'on entrât!

GERMAIN.

C'est un étranger qui désire parler à monsieur, pour affaires de la plus haute importance, à ce qu'il dit.

VILLEFORT.

Je n'y suis pour personne!

GERMAIN.

Il prétend que, lorsque monsieur aura vu son nom, il le recevra.

VILLEFORT.

Et où est sa carte?

GERMAIN.

La voici !

VILLEFORT, à part.

Noirtier !... mon père !... Oui, sans doute, oui... faites entrer !... (A Edmond) Passez-là ; nous terminerons dans un moment... Allez ! allez !...

SCÈNE V

VILLEFORT, GERMAIN, puis NOIRTIER.

VILLEFORT, à part.

Mon père !... Que vient-il faire ici ? Pourquoi est-il venu sans me prévenir ? Que signifie ce mystère ?... Mon Dieu ! mon Dieu ! serai-je donc toujours poursuivi par cet implacable passé !

NOIRTIER, entrant.

Eh ! pardieu ! mon cher, voilà bien des façons !... Est-ce donc l'habitude à Marseille que les fils fassent faire antichambre à leur père ?

GERMAIN.

Tiens ! c'est le père de monsieur.

VILLEFORT.

Laissez-nous, Germain.

SCÈNE VI

VILLEFORT, NOIRTIER.

NOIRTIER.

Il est curieux, à ce qu'il paraît, votre valet de chambre ?... C'est un vilain défaut, et dont vous ferez bien de le corriger... Ah çà ! mais sais-tu que c'est une singulière ville que ta ville de Marseille, et peu hospitalière !...

VILLEFORT.

Pourquoi cela ?

NOIRTIER.

Arrivé hier, je suis entouré de mouchards qui me traquent, qui m'espionnent, qui me poursuivent comme si j'étais un criminel d'État !... Voyons, est-ce que j'ai dans ma mise quelque chose qui dénonce le conspirateur ?

VILLEFORT.

Dans votre mise ?... Oui, en effet, cette redingote boutonnée, ce col noir, cette rosette de la Légion d'honneur, ces favoris... C'est le signalement...

NOIRTIER.

Quel signalement ?

VILLEFORT.

Ce signalement que j'ai donné moi-même!...

NOIRTIER.

Tu as donné mon signalement ?

VILLEFORT.

J'ai donné celui d'un homme qui conspire pour le retour de l'usurpateur.

NOIRTIER.

Comment! on sait déjà ici que nous conspirons là-bas ?

VILLEFORT.

Vous conspirez donc ?

NOIRTIER.

Que diable veux-tu que je fasse ?

VILLEFORT.

Ah! en vérité, monsieur, votre sang-froid me fait frémir.

NOIRTIER.

Que veux-tu! quand on a été proscrit par les montagnards, qu'on est sorti de Paris caché dans une charrette de foin, qu'on a été traqué dans les landes de Bordeaux par les limiers de Robespierre, cela vous aguerrit à bien des choses... Eh bien, continue!... Je conspire donc ?...

VILLEFORT.

Vous en êtes accusé, du moins.

NOIRTIER.

Et avec qui ?

VILLEFORT.

Avec les proscrits de l'île d'Elbe.

NOIRTIER.

Ah! voilà une belle histoire!... Qui vous l'a contée ?

VILLEFORT.

La police!

NOIRTIER.

En vérité, mon cher, elle est fort bien informée, votre police; je lui en fais mon compliment... Je ne la croyais pas si forte que cela!

VILLEFORT.

Oui ; mais, en attendant, votre signalement est aux mains de tous les agents... Vous êtes poursuivi, traqué par eux...

NOIRTIER.

Je le sais bien, puisque je ne leur ai échappé qu'en sonnant chez toi...

VILLEFORT.

Mais vous ne pouvez rester chez moi !...

NOIRTIER.

Je le sais bien encore !...

VILLEFORT.

Il faudra que vous en sortiez un jour ou l'autre !...

NOIRTIER.

Je compte bien en sortir ce soir même.

VILLEFORT.

Mais comment cela ?

NOIRTIER.

Vraiment, mon cher, on dirait que tu es né d'hier !

(Il sonne; Germain entre.)

VILLEFORT.

Que voulez-vous ?

NOIRTIER.

Tu vas voir... Comment appelles-tu ce garçon

VILLEFORT.

Germain.

NOIRTIER.

Germain, conduisez-moi à la chambre de votre maître... Eh bien ?...

VILLEFORT.

Germain, conduisez monsieur.

NOIRTIER.

Au revoir, Gérard.

SCÈNE VII

VILLEFORT, puis EDMOND.

VILLEFORT, à part.

Finissons-en d'abord avec ce Dantès... (Haut.) Le prévenu est-il toujours là ?

EDMOND.

Oui, monsieur.

VILLEFORT.

Venez!...

EDMOND.

Me voici!

VILLEFORT.

Nous en étions a cette lettre, n'est-ce pas?

EDMOND.

Qui m'a été remise par le grand maréchal... Oui, monsieur; et vous aviez la bonté de me dire que, si j'étais coupable, c'était par imprudence; et que, d'ailleurs, cette imprudence était légitimée par les ordres de mon supérieur.

VILLEFORT.

Oui, monsieur, et je ne me dédis pas.

EDMOND.

Ainsi, je suis libre?...

VILLEFORT.

Oui; seulement, cette lettre...

EDMOND.

Je vous l'ai dit, monsieur, elle doit être devant vous... Ah! monsieur, que de reconnaissance!...

VILLEFORT.

Attendez... A qui est-elle adressée, cette lettre?

EDMOND.

A M. Noirtier, rue Coq-Héron, n° 5, à Paris.

VILLEFORT.

A M. Noirtier?...

EDMOND.

Oui, monsieur... Le connaissez-vous?

VILLEFORT.

Un fidèle serviteur du roi ne connaît pas les conspirateurs.

EDMOND.

Mais il s'agit donc d'une conspiration?... En tout cas, monsieur, je ne conspire pas, moi. J'ignorais entièrement le contenu de la dépêche dont j'étais porteur.

VILLEFORT.

Oui; mais vous savez le nom de celui à qui elle était destinée?

EDMOND.

Il était sur l'adresse.

VILLEFORT.

Et vous n'avez montré cette lettre à personne ?

EDMOND.

A personne, sur l'honneur, monsieur !

VILLEFORT.

Tout le monde ignore que vous étiez porteur d'une lettre venant de l'île d'Elbe, et adressée à M. Noirtier ?

EDMOND.

Tout le monde, excepté celui qui me l'a remise, et celui à qui je devais la remettre.

VILLEFORT.

Vous avez vu M. Noirtier ?

EDMOND.

Oui.

VILLEFORT.

Et vous deviez lui remettre cette lettre

EDMOND.

Ce soir !... Oh ! mon Dieu ! qu'y a-t-il donc, monsieur ?... Vous allez vous trouver mal... Voulez-vous que j'appelle, que je sonne ?...

VILLEFORT.

Non, monsieur, ne bougez pas, ne dites pas un mot... C'est à moi de donner des ordres ici, et non pas à vous !

EDMOND.

Monsieur...

VILLEFORT.

Écoutez, les charges les plus accablantes résultent contre vous de cet interrogatoire... Je ne suis donc pas le maître de vous rendre à l'instant même, comme je le désirerais, votre liberté ; en attendant, vous avez vu de quelle façon jusqu'ici j'ai agi envers vous ?...

EDMOND.

Oui, monsieur, et, jusqu'au moment où vous avez lu cette malheureuse lettre, vous avez été pour moi plutôt un ami qu'un juge.

VILLEFORT.

Eh bien, monsieur, je vais vous retenir encore quelque temps prisonnier, le moins longtemps que je pourrai... La principale charge qui existe contre vous, c'est cette lettre... et vous voyez... vous voyez... je l'anéantis...

(Il brûle la lettre.)

EDMOND.

Oh! monsieur, vous êtes plus que la justice, vous êtes la bonté!...

VILLEFORT.

Ainsi, donc, après un pareil acte, vous comprenez que vous devez avoir confiance en moi?...

EDMOND.

Oh! monsieur, dites-moi ce que je dois faire, et je m'y conformerai.

VILLEFORT.

Il est possible qu'un autre que moi vienne vous interroger... Dites tout ce que vous m'avez dit, mais pas un mot de cette lettre!...

EDMOND.

Je vous le promets!...

VILLEFORT.

Vous comprenez, monsieur, nous savons seuls maintenant que cette lettre a existé; on ne vous la représentera pas... Niez donc, niez hardiment, et vous êtes sauvé.

EDMOND.

Je nierai, monsieur.

VILLEFORT.

C'était la seule lettre que vous eussiez?...

EDMOND.

La seule!

VILLEFORT.

Faites-en serment.

EDMOND.

Je le jure!

(Villefort sonne; le Commissaire entre.)

VILLEFORT, à Edmond.

Suivez monsieur.

EDMOND, avec expansion.

Merci, merci, monsieur!

(Il sort.)

SCÈNE VIII

VILLEFORT, puis NOIRTIER, GERMAIN.

VILLEFORT.

Oh! mon Dieu! à quoi tiennent la vie et la fortune!... Si

le procureur du roi eût été à Marseille; si le juge d'instruction eût été appelé au lieu de moi, j'étais perdu... et ce papier... ce papier maudit me précipitait dans l'abîme... Ah! mon père, mon père!... serez-vous donc toujours un obstacle à mon bonheur en ce monde, et faudra-t-il que mon avenir lutte éternellement avec votre passé!...

NOIRTIER, qui a changé de costume et s'est rasé les favoris.

Tu dis?...

VILLEFORT.

Monsieur!...

NOIRTIER.

Ah! bravo! tu ne me reconnais pas toi-même!

VILLEFORT.

C'est vous!...

NOIRTIER.

Sans doute... Ne m'as-tu pas prévenu qu'on avait mon signalement?...

VILLEFORT.

Oui.

NOIRTIER.

Eh bien, j'ai changé de visage.

GERMAIN, entrant.

Monsieur, les hommes de la police sont là...

VILLEFORT.

Lesquels?

GERMAIN.

Ceux à qui vous avez donné le signalement d'un étranger nouvellement arrivé à Marseille.

VILLEFORT.

Qu'ils attendent!... qu'ils s'en aillent!...

NOIRTIER.

Non pas, au contraire, qu'ils entrent... J'aime bien mieux qu'ils soient ici que dehors.

VILLEFORT.

En effet, qu'ils entrent...

NOIRTIER.

Eh! sans doute, qu'ils entrent!... Mon cher, je l'ai toujours dit: il n'y a rien de commode comme les signalements... Cheveux et favoris noirs, redingote boutonnée, rosette d'officier à la boutonnière, chapeau à larges bords... Une tasse de thé avec moi, Gérard!...

VILLEFORT.

Les voilà !

NOIRTIER.

Pardieu ! je les connais bien.

SCÈNE IX

Les Mêmes, un Homme de la police, deux Agents.

VILLEFORT.

Eh bien, messieurs ?...

L'HOMME.

Eh bien, monsieur le substitut, nous l'avons manqué, mais de bien peu de chose... A l'angle du quai, il a failli être pris ; il faut qu'il soit entré dans quelque maison particulière... Nous venons chercher un ordre pour fouiller dans toutes les maisons de la rue...

NOIRTIER.

Mon cher Villefort, je ne veux pas t'empêcher de faire tes affaires... Donne cet ordre... donne...

VILLEFORT.

Mais...

NOIRTIER.

Donne, mon cher... Fouille, cherche, appréhende au corps, c'est ton état... Adieu, mon ami... (Aux Agents.) Vous permettez, messieurs ?... Adieu, Villefort !...

(Il passe au milieu des Agents.)

SCÈNE X

Les Mêmes, NOIRTIER.

L'HOMME.

Monsieur ne nous donne pas l'ordre ?...

VILLEFORT.

Inutile... L'homme que nous cherchions a été pris à Aix... Mais nous en avons un, là, bien autrement dangereux.

L'HOMME.

Lequel ?...

VILLEFORT.

Celui qui a été arrêté à la Réserve... Qu'il soit conduit à

l'instant même au château d'If, écroué, mis au plus profond secret... Voici l'ordre pour le gouverneur... Allez!...

(L'Agent sort.)

GERMAIN.
Madame est là avec cette jeune fille...

VILLEFORT.
Dites que je ne puis les recevoir, et venez me rejoindre à la porte... Je pars à l'instant même pour Paris... Allez!...

SCÈNE XI

VILLEFORT, seul.

Napoléon débarqué dans trois jours!... Allons, ce qui devait faire ma perte, fera peut-être ma fortune... A l'œuvre, Villefort!... à l'œuvre!...

ACTE TROISIÈME

SIXIÈME TABLEAU

Le cachot d'Edmond, au château d'If.

SCÈNE PREMIÈRE

EDMOND, couché sur la dalle; LE GEÔLIER.

LE GEÔLIER.
Dis donc, l'ami!... Tu ne réponds pas?... Comme il te fera plaisir... Voici ton pain, voici ton eau, entends-tu?... Entêté! il devrait pourtant s'être accoutumé à moi, depuis bientôt quatre ans que je le sers... Hum! m'est avis qu'il n'ira pas loin maintenant... Non, il ne fera pas de vieux os... En attendant, voici son pain, voici son eau... Voici ton pain, entends-tu?... Non? Bonsoir, alors!...

(Il sort.)

SCÈNE II
EDMOND, seul, se relevant.

Oh! quelquefois... jadis... dans mes courses lointaines... quand j'étais encore un homme, quand, libre et puissant, je jetais aux autres hommes des commandements qui étaient exécutés, j'ai vu le ciel se couvrir, la mer frémir et gronder, l'orage naître dans un coin du ciel, et, comme un aigle gigantesque, battre les deux horizons de ses deux ailes... Alors, je sentais que mon vaisseau n'était plus qu'un refuge impuissant; car mon vaisseau, léger comme une plume à la main d'un géant, tremblait et frissonnait lui-même, bientôt, au bruit effroyable des lames; l'aspect des rochers tranchants m'annonçait la mort, et la mort m'épouvantait, et je réunissais toutes les forces de l'homme et toute l'intelligence du marin pour lutter contre Dieu !... Car j'étais heureux alors; car revenir à la vie, c'était revenir au bonheur; car cette mort, je ne l'avais pas appelée, je ne l'avais pas choisie; car le sommeil enfin me paraissait dur sur ce lit d'algues et de cailloux; car je m'indignais, moi qui me croyais une créature faite à l'image de Dieu, de servir, après ma mort, de pâture aux goëlands et aux vautours !... Mais, aujourd'hui, c'est autre chose !... mais, aujourd'hui, j'ai perdu tout ce qui pouvait me faire aimer la vie !... mais, aujourd'hui, la mort me sourit comme sourit une nourrice à l'enfant qu'elle va bercer !... mais, aujourd'hui enfin, je meurs à ma guise... aujourd'hui, je m'endors las et brisé, comme je m'endormais après un de ces soirs de désespoir et de rage pendant lesquels j'avais compté trois mille tours dans ma chambre... c'est-à-dire trente mille pas, c'est-à-dire près de dix lieues !... mais, aujourd'hui... aujourd'hui... je veux mourir et je mourrai !... Ma vie est l'image de ce pain et de cette eau... je la sème miette à miette, je la répands goutte à goutte... (Il émiette son pain à travers les barreaux d'une meurtrière.) Demain, demain, je l'espère, ô mon Dieu! tout sera fini... Et toi, mon juge, toi, mon juge éternel et miséricordieux, tu me diras peut-être quel crime j'ai commis !...

SCÈNE III

Le Gouverneur, DE BAVILLE, le Geôlier, EDMOND.

LE GOUVERNEUR.
Par ici, monsieur l'inspecteur, par ici !

DE BAVILLE.
Quel est le prisonnier chez lequel nous allons entrer ?

LE GOUVERNEUR.
C'est le numéro 17.

DE BAVILLE.
Je ne sais vraiment pas pourquoi on nous fait faire ces tournées inutiles : qui voit un prisonnier en voit cent ; qui entend un prisonnier en entend cent mille... C'est toujours la même chose : mal nourris et innocents. Qu'est-ce que celui-ci ?

LE GOUVERNEUR.
Oh! celui-ci est un conspirateur des plus dangereux, et qui nous est recommandé particulièrement, comme un homme capable de tout.

DE BAVILLE.
Il est seul ici depuis longtemps ?

LE GOUVERNEUR.
Il nous a été amené quelques jours avant le débarquement de l'usurpateur, le 28 février 1815, à onze heures du soir.

DE BAVILLE.
Et il est dans ce cachot depuis son entrée au château d'If ?

LE GOUVERNEUR.
Non, monsieur ; il avait été placé d'abord dans un cachot moins sombre ; mais, dans un accès de rage, il a voulu tuer son geôlier, et on l'a fait descendre dans celui-ci.

DE BAVILLE, au Geôlier.
Est-ce vous qu'il a menacé ?

LE GEÔLIER.
Oui, monsieur.

DE BAVILLE.
Voulez-vous qu'on s'en plaigne ?

LE GEÔLIER.
Inutile, monsieur ; il est assez puni comme cela... D'ail-

leurs, il tourne presque à la folie, et, avant un an, il sera fou tout à fait.

DE BAVILLE.

Ma foi, tant mieux pour lui! il souffrira moins... (A Dantès.) Mon ami...

EDMOND.

Qui m'appelle son ami?

DE BAVILLE.

Moi.

EDMOND.

Vous êtes un homme, et vous m'appelez votre ami?

DE BAVILLE.

Ah! ah! c'est un misanthrope, à ce qu'il paraît... Avez-vous à vous plaindre de quelque chose?

EDMOND.

J'ai à me plaindre d'être en prison sans savoir pourquoi.

DE BAVILLE.

En résumé, que demandez-vous?

EDMOND.

Je demande quel crime j'ai commis; je demande qu'on me donne des juges; je demande qu'on me fusille si je suis coupable... mais aussi qu'on me mette en liberté si je suis innocent.

LE GOUVERNEUR.

Vous êtes bien humble aujourd'hui; vous n'avez pas toujours été comme cela... Vous parliez tout autrement, mon cher ami, le jour où vous vouliez assommer votre gardien.

EDMOND.

C'est vrai, monsieur... et j'en demande bien humblement pardon à cet homme, qui, après tout, faisait son devoir... Mais, que voulez-vous! alors, j'étais fou, j'étais furieux!...

DE BAVILLE.

Et vous ne l'êtes plus maintenant?

EDMOND.

Non, monsieur... La captivité m'a plié, brisé, anéanti... Il y a si longtemps que je suis ici!

DE BAVILLE.

Nous sommes au 30 octobre 1818 : il n'y a cependant que trois ans et neuf mois que vous êtes prisonnier...

EDMOND.

Oh! monsieur, trois ans et neuf mois, vous trouvez que ce

n'est pas long!... Près de quatre ans de prison pour un homme qui, comme moi, touchait au bonheur, qui allait épouser la femme qu'il aimait, qui voyait s'ouvrir devant lui une carrière honorable... à qui tout manque à l'instant... et qui, du jour le plus beau, tombe dans la nuit la plus profonde... qui voit sa carrière détruite... qui ne sait pas si celle qui l'aimait l'aime toujours... qui ne sait pas si son vieux père est mort ou vivant!... Quatre ans de prison pour un homme habitué à l'air de la mer, à l'indépendance du marin, à l'espace, à l'immensité, à l'infini!... Quatre ans de prison!... C'est plus que n'en mériteraient tous les crimes que désigne par les noms les plus odieux la langue humaine... Ayez donc pitié de moi, monsieur, et demandez pour moi, non pas l'indulgence, mais la rigueur... non pas une grâce, mais un jugement... Des juges, monsieur! je ne demande que des juges... On ne peut pas refuser des juges à un accusé.

DE BAVILLE.

C'est bien... On verra.

EDMOND.

On verra... Vous avez dit que l'on verrait... Oh! monsieur, c'est la première fois, depuis quatre ans, que je trouve l'occasion de parler à un autre homme que mon geôlier... Écoutez-moi avant de m'abandonner, car on sera peut-être quatre ans encore à descendre dans ma prison... Oui, l'on vous a dit vrai; oui, j'ai commencé par l'orgueil, qui est une suite de l'espoir... une conscience de l'innocence... Puis j'en suis venu à douter de mon innocence, et j'ai cherché quel crime je pouvais avoir commis. Alors, j'ai pensé devenir fou; alors, je suis tombé du haut de mon orgueil; alors, j'ai prié... non pas encore Dieu, mais les hommes... Dieu est le dernier recours, et le malheureux, qui devrait commencer par lui, n'arrive à lui cependant qu'après avoir épuisé toutes les autres espérances... J'ai prié qu'on me tirât de mon cachot pour me mettre dans un autre cachot, fût-il plus noir, fût-il plus profond encore que celui-ci... Un changement, même désavantageux pour moi, était toujours un changement, et me promettait une distraction de quelques jours... J'ai demandé la promenade, l'air, des livres, des instruments; mais on m'a tout refusé, ou plutôt on n'a répondu à rien de ce que je demandais... Mais n'importe, je parlais, et parler à un geôlier, muet et inflexible, c'était encore un plaisir. Je parlais pour entendre le son de ma propre voix... J'avais essayé de parler quand j'étais seul; mais alors je me faisais peur... Souvent, du temps que j'étais en liberté, je m'étais fait un épouvantail de ces chambrées de prisonniers, composées de vagabonds, de bandits et d'assassins... Eh bien, j'en vins à souhaiter d'être jeté dans quelqu'un de ces bouges, afin de voir d'autres visages que celui de ce geôlier impassible, qui ne voulait pas me répondre!... J'ai regretté le bagne, avec son costume infamant, sa chaîne au pied, sa flétrissure sur l'épaule... Au moins, les galériens sont dans la société de leurs semblables; ils respirent l'air, ils voient le ciel!... Les galériens sont bien heureux!...

DE BAVILLE.

C'est très-curieux... Il a commencé par le désespoir, il a tourné à la dévotion, et voilà qu'il touche à la folie. Oh! je connais cela, moi qui fais des observations sur les prisonniers...

EDMOND.

Un jour, un jour enfin, je demandai qu'on me donnât un compagnon, fût-ce cet abbé dont j'avais entendu parler... Je l'eusse soigné, j'eusse essayé de le guérir... Ma vie ne se fût plus écoulée aussi inutile et inaperçue!... Alors, ayant épuisé le cercle des ressources humaines, le désespoir succéda à la piété... La mort était le repos... Je résolus de mourir.

DE BAVILLE.

Et quand cela?...

EDMOND.

Il y a quatre jours, monsieur.

DE BAVILLE.

Et de quel genre de mort voulez-vous mourir?

EDMOND.

Oh! je puis le dire, monsieur; car, si je veux mener mon dessein à bout, toutes les puissances humaines ne m'empêcheront pas d'exécuter mon projet: je veux mourir de faim...

DE BAVILLE.

Et depuis combien de jours n'avez-vous pas mangé?

EDMOND.

Depuis quatre jours.

LE GEÔLIER.

Le prisonnier ment; tous les jours, je trouve sa cruche vide et son pain absent.

EDMOND.

Je vide la cruche dans un coin de mon cachot, je casse le pain par petits morceaux, et je l'émiette sur le sable.

DE BAVILLE.

Et, malgré ma visite, vous persévérez dans votre projet?

EDMOND.

Si demain, à cette heure-ci, je ne suis pas dans un autre cachot, demain, je l'espère, je serai mort.

DE BAVILLE.

C'est bien. (Bas, au Gouverneur.) Vous lui ferez donner du pain blanc et une bouteille de vin, au lieu de son pain noir et de sa cruche d'eau.

EDMOND.

Monsieur, au nom du ciel! dites-moi un mot, un seul... Dites-moi d'espérer!...

DE BAVILLE.

Je reverrai votre dossier, voilà tout ce que je puis vous dire... Vous me montrerez le livre d'écrou, n'est-ce pas, monsieur le gouverneur?

LE GOUVERNEUR.

Certainement... Mais vous trouverez contre le prisonnier des notes terribles...

DE BAVILLE.

Vous entendez?

EDMOND.

Oui; mais, sur l'honneur, je ne comprends pas...

DE BAVILLE.

Qui vous a fait arrêter?

EDMOND.

M. de Villefort.

DE BAVILLE.

Lui supposez-vous quelque motif de haine contre vous

EDMOND.

Au contraire, monsieur : il a été excellent pour moi... Voyez-le, entendez-vous avec lui...

DE BAVILLE.

M. de Villefort n'est plus à Marseille... Il est passé de Marseille à Nîmes, et de Nîmes à Versailles.

EDMOND.

Ah! je ne m'étonne plus qu'on m'ait oublié, mon protecteur n'est plus là!...

LE GOUVERNEUR.

Voulez-vous voir le registre d'écrou tout de suite?

DE BAVILLE.

Non, finissons-en avec les cachots.... Ne m'avez-vous pas parlé d'un abbé?

LE GOUVERNEUR.

Ce n'est pas un prisonnier misanthrope comme celui-ci, et sa folie est moins attristante que la raison de son voisin.

EDMOND, à part.

Ils se consultent, sans doute.

DE BAVILLE.

Et quelle est sa folie?

LE GOUVERNEUR.

Oh! une folie étrange! Il se croit possesseur d'un trésor immense... La première année de sa captivité, il a fait offrir au gouvernement un million, si le gouvernement le voulait mettre en liberté; la seconde année, deux millions; la troisième, trois; et ainsi progressivement... Il en est à sa septième année de captivité, et il va nous offrir sept millions.

DE BAVILLE.

Ah! c'est curieux. Comment le nommez-vous?

LE GOUVERNEUR.

Faria.

DE BAVILLE.

C'est bien! conduisez-moi dans son cachot.

EDMOND.

Monsieur, au nom du ciel!...

DE BAVILLE.

Ah! c'est vrai!

LE GOUVERNEUR.

Que décidez-vous à l'égard du prisonnier?

DE BAVILLE.

Si, demain, il continue à refuser la nourriture, on lui mettra la camisole et on le fera manger de force.

EDMOND.

Monsieur...

DE BAVILLE.

Je ne puis m'engager à rien, on verra vos notes.

EDMOND.

Oh! mon Dieu! mon Dieu!...

LE GEÔLIER.
Chut! on va vous apporter du pain blanc et du vin.
EDMOND.
Pourquoi?
LE GEÔLIER.
Parce qu'on veut que vous viviez.

SCÈNE IV

EDMOND, seul.

Parce qu'on veut que je vive!... Ne dirait-on pas entendre des paroles chrétiennes? Mon Dieu! est-il donc permis à l'homme de fausser ainsi les mots de la langue humaine?... On veut que je vive! Ne croirait-on pas reconnaître une parole de frère dans cette parole que mon plus cruel ennemi ne prononcerait pas?... Vous voulez que je vive, tigres que vous êtes! Mais dites-moi donc votre pensée : vous voulez que je souffre!... Non, mourir! mourir!... mon Dieu! laissez-moi mourir!...(Écoutant.) Qu'est cela?... Ce bruit sourd, mystérieux, insaisissable, j'ai déjà cru l'entendre hier... Il me semble que je l'entends encore... Oui, oui... D'où vient-il?... De ce côté, de là! il vient de là!... Oh! ce sont sans doute des ouvriers qui réparent quelque cachot!... Non, non, ils frapperaient plus fort, ils n'emploieraient pas tant de précautions... On dirait la pression d'un ciseau sur ces pierres... C'est là... là... derrière mon lit... Oh! mon Dieu! on vient... Que vient-on faire dans mon cachot?... Ah! c'est le geôlier qui m'apporte mon pain blanc et mon vin... Mon Dieu! s'il allait entendre du bruit... Prévenons-le... Le voilà!

SCÈNE V

EDMOND, LE GEÔLIER.

LE GEÔLIER.
Eh bien, sommes-nous toujours méchant? Sommes-nous toujours décidé à mourir?
EDMOND.
Non, non, non, mon bon Antoine... Donne!

LE GEÔLIER.

Vous n'êtes pas dégoûté ! du pain que le roi n'en mange pas de meilleur.

EDMOND.

Oui, oui...

LE GEÔLIER.

Et du vin !

EDMOND.

Bon, excellent, n'est-ce pas ?

LE GEÔLIER.

Je crois bien ! Si cela continue, mieux vaudra être prisonnier que geôlier... On n'y connaît plus rien, aux prisons, parole d'honneur !

EDMOND, à part.

Il a cessé.

LE GEÔLIER.

Allons, ne mangez pas trop vite... et surtout ne mangez pas trop.

EDMOND.

Sois tranquille, mon bon Antoine.

LE GEÔLIER.

Je puis donc retourner dire que je vous ai vu manger ?

EDMOND.

Sans doute ! retourne et remercie M. l'inspecteur, remercie M. le gouverneur, remercie...

LE GEÔLIER, à part.

Décidément, il devient fou ; pauvre diable !... (Haut.) Allons, allons, ménagez votre pitance... Vous en avez pour jusqu'à demain.

(Il sort.)

SCÈNE VI

EDMOND, puis UNE VOIX.

EDMOND.

Oui, oui, jusqu'à demain... C'était bien un prisonnier... Il a compris mon avis, et il a cessé... Des ouvriers eussent continué, eux... Ah ! je respire ; mais s'il allait fouiller d'un autre côté... C'était là... là !... On n'entend plus rien... Était-ce donc une erreur ?... O mon Dieu ! mon Dieu ! après m'avoir ôté la liberté, après m'avoir ôté le calme de la mort... mon Dieu! qui m'avez rappelé à l'existence, mon Dieu! ayez pitié de moi, et ne me laissez pas mourir dans le désespoir!

UNE VOIX.

Qui parle de Dieu et de désespoir en même temps?

EDMOND.

Oh! j'ai entendu la voix d'un homme! Au nom du ciel! vous qui m'avez parlé, parlez encore!...

LA VOIX.

Qui êtes-vous?

EDMOND.

Un malheureux prisonnier.

LA VOIX.

Votre pays?

EDMOND.

La France!

LA VOIX.

Votre nom?

EDMOND.

Edmond Dantès.

LA VOIX.

Je vous connais. Cette pierre qui me reste à percer donne donc dans votre cachot?

EDMOND.

Oui!

LA VOIX.

A quel endroit de votre cachot?

EDMOND.

Derrière mon lit!

LA VOIX.

A-t-on dérangé quelquefois votre lit depuis que vous êtes en prison?

EDMOND.

Jamais!

LA VOIX.

Je puis donc agir?

EDMOND.

Sans retard, à l'instant même, je vous en supplie... Ah! venez, venez! Un homme, un compagnon, un frère!... Merci, Seigneur! merci!

SCÈNE VII

EDMOND, FARIA.

FARIA.

Attendez! Voyons d'abord si mon passage n'a pas laissé de traces.

EDMOND.

Voyez!...

FARIA.

Toute notre tranquillité à venir est là dedans, comprenez vous?... Non... Bien... Vous m'avez donc entendu travailler?

EDMOND.

Oui!...

FARIA.

Depuis combien de temps?

EDMOND.

Depuis hier.

FARIA.

C'est vous qui avez frappé?

EDMOND.

C'est moi!...

FARIA.

Pour m'indiquer un danger?

EDMOND.

Oui.

FARIA.

Je m'en suis douté, et j'ai cessé de travailler.

EDMOND.

Oh! combien j'avais peur que vous ne reprissiez pas votre ouvrage!...

FARIA.

Voyons votre cachot à vous?

EDMOND.

Pour quoi faire?

FARIA.

Pour savoir s'il nous reste quelque espoir. Sur quoi donne cette muraille?

EDMOND.

Sur le corridor.

FARIA.

Impossible de fuir de ce côté, il y a trois portes avant d'arriver à la cour. Cet angle est de granit, il faudrait dix ans de travail à dix mineurs, munis de leurs outils, pour le percer... Et cette meurtrière ?

EDMOND.

Elle donne sur la galerie où se promènent les sentinelles.

FARIA.

Vous en êtes sûr ?

EDMOND.

La nuit, j'entends le bruit de leurs pas, et parfois de petits cailloux qui roulent sous leurs pieds viennent tomber jusque sur mon lit.

FARIA.

Vous voyez donc bien qu'il est impossible de fuir par votre cachot !

EDMOND.

Eh bien ?

FARIA.

Eh bien, que la volonté de Dieu soit faite !...

EDMOND.

Mais pourquoi vous décourager ainsi ? Ce serait trop demander à Dieu que de vouloir réussir du premier coup ! Ne pouvez-vous recommencer, dans un autre sens, ce que vous avez fait dans celui-ci ? Je serai là, cette fois. Je suis jeune, je suis fort, plein d'espérance depuis que je vous ai vu... Je vous aiderai.

FARIA.

Mais savez-vous ce que j'ai fait, pour me parler ainsi de recommencer, jeune homme ?... Savez-vous qu'il m'a fallu quatre ans pour confectionner les outils que je possède ? savez-vous que, depuis deux ans, je gratte et creuse une pierre dure comme le granit ? savez-vous, enfin, que je croyais toucher au but de tous mes travaux, et que Dieu non-seulement recule ce but, mais le transporte je ne sais où ?... Ah ! je vous le dis, je vous le répète, je ne ferai plus rien désormais pour essayer de reconquérir ma liberté, puisque la volonté de Dieu est qu'elle soit perdue à tout jamais !...

EDMOND.

Eh bien, j'ai trouvé ce que vous cherchiez, moi...

FARIA.

Vous ?...

ÉDMOND.

Oui... Nous descellons ces barreaux qui donnent sur la galerie extérieure, nous tuons la sentinelle, et nous nous évadons ! Il ne faut, pour que ce plan réussisse, que du courage, vous en avez; de la vigueur, je n'en manque pas; je ne parle plus de patience, vous avez fait vos preuves; je ferai les miennes.

FARIA.

Un instant ! Vous n'avez pas compris de quelle espèce est mon courage et quel emploi je compte faire de ma force... Jusqu'ici, je croyais n'avoir affaire qu'aux choses, et voilà que vous me proposez, vous, d'avoir affaire aux hommes... J'ai pu percer un mur et détruire un escalier; mais je ne percerai pas une poitrine et ne détruirai pas une existence !

EDMOND.

Comment ! pouvant être libre, vous seriez retenu par un pareil scrupule ?...

FARIA.

Mais, vous-même qui êtes jeune et fort, pourquoi n'avez-vous pas, un soir, assommé votre geôlier, revêtu ses habits et essayé de fuir ?

EDMOND.

L'idée ne m'en est pas venue.

FARIA.

C'est que, instinctivement, vous avez une telle horreur pour un pareil crime, que vous n'y avez pas songé. L'homme répugne au sang; ce ne sont point les lois sociales qui proscrivent le meurtre, ce sont les lois naturelles.

EDMOND.

Quel homme êtes-vous donc, que vous m'expliquez ainsi ce qui se passe dans mon âme ?

FARIA.

D'ailleurs, depuis bientôt sept ans que je suis en prison, j'ai repassé dans mon esprit toutes les évasions célèbres, et je n'ai vu réussir que bien rarement les évasions violentes... Attendons une occasion, et, si cette occasion se présente, profitons-en.

EDMOND.

Vous avez pu attendre, vous. Ce long travail vous faisait une occupation de tous les instants... et, quand vous n'aviez pas votre travail pour vous distraire, vous aviez vos espérances pour vous consoler...

FARIA.

Puis j'avais d'autres occupations encore.

EDMOND.

Que faisiez-vous donc?

FARIA.

J'étudiais ou j'écrivais.

EDMOND.

On vous donne donc du papier, des plumes et de l'encre?

FARIA.

Non, je m'en fais.

EDMOND.

Vous vous faites du papier, des plumes et de l'encre?

FARIA.

Oui, et des instruments pour percer la muraille. Voulez-vous voir tout cela?

EDMOND.

Oh! bien certainement.

FARIA.

Eh bien, venez, alors.

EDMOND.

Où cela?

FARIA.

Dans mon cachot.

EDMOND.

Passez devant, je vous suis.

SEPTIÈME TABLEAU

La prison de Faria.

—

SCÈNE UNIQUE

FARIA, puis EDMOND.

FARIA.

Venez!... Dieu merci, nous avons tout le temps... Voilà le soleil qui se couche... Commencez par allumer cette lampe.

EDMOND.

On vous permet donc d'avoir de la lumière?

FARIA.

Je m'en suis procuré... De la viande que l'on me donne deux fois par semaine, j'extrais la graisse, et j'en tire cette espèce d'huile compacte que vous voyez dans le couvercle de ce pot à l'eau... La mèche est faite avec l'effilé de mes chemises et de mes draps. Maintenant, voici tout mon ouvrage sur l'Italie, faisant à peu près un volume in-quarto.

EDMOND.

Sur quoi est-il écrit?

FARIA.

Sur des bandes de toile, larges de quatre pouces, comme vous voyez, et longues de dix-huit, à peu près... J'ai inventé une préparation qui rend ce linge lisse et uni comme le parchemin.

EDMOND.

Mais encore, pour écrire ce traité, vous a-t-il fallu des plumes, de l'encre, un canif?

FARIA.

Des plumes, je m'en suis fait avec des cartilages de poisson.

EDMOND.

Mais de l'encre?

FARIA.

Il y avait autrefois une cheminée, ici, comme vous le voyez.... La cheminée a été bouchée; mais on y avait fait du feu pendant de longues années, elle était donc tapissée de suie... Je fais dissoudre cette suie dans une portion du vin qu'on me donne tous les dimanches, et, pour les notes particulières qui ont besoin d'attirer les yeux, je me pique les doigts, et j'écris avec mon sang.

EDMOND.

Mais le canif, le canif?

FARIA.

Le canif, c'est mon chef-d'œuvre... Je l'ai fait, ainsi que le couteau que voici, avec un vieux chandelier de fer.

EDMOND.

Oh! monsieur, j'avais entendu raconter de merveilleuses choses de la patience et de l'adresse des prisonniers, mais, en vérité, rien qui ressemblât à cela... Qui êtes-vous donc, monsieur, et comment vous appelez-vous?

FARIA.

Je me nomme Faria...

EDMOND.

Comment! ce prisonnier que l'on croit malade?

FARIA.

Que l'on croit fou, voulez-vous dire...

EDMOND.

Je n'osais...

FARIA.

Oui, oui, c'est moi qui passe pour fou; c'est moi qui divertis depuis si longtemps les hôtes de cette prison; c'est moi, enfin, qui réjouirais les petits enfants s'il y avait des petits enfants dans le séjour de la douleur sans espoir. Maintenant, à votre tour.

EDMOND.

Moi, ma vie est courte; seulement, elle renferme un abîme... et j'y suis tombé.

FARIA.

Oui, la femme du geôlier, que j'ai soignée dans une maladie, m'a tout raconté... Vous avez été arrêté le jour même de vos fiançailles, au moment où vous alliez devenir capitaine de navire; on vous a arrêté sur une dénonciation anonyme qui vous accusait d'avoir vu l'empereur à l'île d'Elbe, et d'avoir rapporté en France une lettre adressée à un agent bonapartiste... Dites-moi, quelqu'un avait-il intérêt à ce que vous ne devinssiez pas capitaine du *Pharaon*?

EDMOND.

Non, j'étais fort aimé à bord.

FARIA

De tous?

EDMOND.

De tous... un seul homme excepté.

FARIA.

Cet homme, comment se nommait-il?

EDMOND.

Danglars.

FARIA.

Qu'était-il à bord?

EDMOND.

Agent comptable!

FARIA.

Si vous fussiez devenu capitaine, l'eussiez-vous maintenu dans son poste?

EDMOND.

Non, si la chose eût dépendu de moi.

FARIA.

Bien... Quelqu'un a-t-il assisté à votre dernier entretien avec le capitaine Leclère?

EDMOND.

Nous étions seuls.

FARIA.

Quelqu'un a-t-il entendu votre conversation?

EDMOND.

La porte était ouverte, et même... attendez donc!.. Danglars est passé juste au moment où le capitaine Leclère me remettait la dépêche destinée au grand maréchal.

FARIA.

Bravo! nous sommes sur la voie... Avez-vous emmené quelqu'un avec vous à terre, quand vous avez relâché à l'île d'Elbe?

EDMOND.

Personne!

FARIA.

Cette lettre qu'on vous a remise, l'avez-vous cachée?

EDMOND.

Elle était trop large pour entrer dans la poche de ma veste de marin, je l'ai rapportée à la main.

FARIA.

De sorte que l'on a pu voir à bord que vous rapportiez une lettre de l'île d'Elbe ?

EDMOND.

Certainement.

FARIA.

Danglars, comme les autres.

EDMOND.

Danglars, comme les autres ?

FARIA.

Maintenant, écoutez bien... Quelle était l'écriture ordinaire de Danglars ?

EDMOND.

Une belle cursive.

FARIA.

Quelle était l'écriture de la lettre anonyme ?

EDMOND.

Une écriture renversée.

FARIA.

Contrefaite, alors ?

EDMOND.

Bien hardie pour être contrefaite.

FARIA.

Attendez.

(Faria prend une de ses plumes et écrit de la main gauche.)

EDMOND.

Oh ! c'est étonnant...

FARIA.

Comme l'autre écriture ressemblait à celle-ci, n'est-ce pas ? C'est que la dénonciation a été écrite de la main gauche. J'ai observé une chose.

EDMOND.

Laquelle ?

FARIA.

C'est que toutes les écritures tracées de la main droite sont variées, tandis que toutes les écritures tracées de la main gauche se ressemblent.

EDMOND.

Vous avez donc tout vu, tout observé ?

FARIA.

Continuons. Quelqu'un avait-il intérêt à ce que vous n'épousassiez pas votre fiancée?

EDMOND.

Oui, un jeune homme qui l'aimait.

FARIA.

Som nom?

EDMOND.

Fernand Mondego.

FARIA.

Croyez-vous que celui-ci ait été capable d'écrire la lettre?

EDMOND.

Non : il m'eût donné un coup de couteau, voilà tout. D'ailleurs, il ignorait tous les détails consignés dans la dénonciation.

FARIA.

Vous ne les aviez donnés à personne?

EDMOND.

A personne!

FARIA.

Pas même à votre maîtresse?

EDMOND.

Pas même à ma fiancée.

FARIA.

C'est Danglars.

EDMOND.

Oh! maintenant, j'en suis sûr.

FARIA.

Danglars connaissait-il Fernand?

EDMOND.

Oui... Attendez!... je me rappelle...

FARIA.

Quoi?

EDMOND.

Le jour de nos fiançailles, je les ai vus attablés ensemble sous la tonnelle du père Pamphile... Danglars était amical et railleur... Fernand était pâle et troublé!

FARIA.

Ils étaient seuls?

EDMOND.

Non, ils avaient avec eux un troisième compagnon, un tailleur, nommé Caderousse; mais celui-là était ivre... Attendez!... attendez!... près de la table où ils buvaient, il y avait un encrier, du papier, des plumes... Oh! les infâmes! les infâmes!...

FARIA, riant.

Non, les hommes! les hommes!... Voulez-vous savoir autre chose, maintenant?

EDMOND.

Oui, oui! puisque vous approfondissez tout, puisque vous voyez clair en toute chose, je veux savoir pourquoi je n'ai été interrogé qu'une fois, pourquoi on ne m'a pas donné de juges, et comment je suis condamné sans arrêt!

FARIA.

Oh! ceci est un peu plus grave... La justice a des allures sombres et mystérieuses qu'il est difficile de pénétrer. Il va falloir, sur ce sujet, me donner les indications les plus précises.

EDMOND.

Voyons, faites des questions; car, en vérité, vous voyez plus clair dans ma vie que moi-même.

FARIA.

Qui vous a interrogé?

EDMOND.

Un homme de vingt-sept à vingt-huit ans.

FARIA.

Bien!... pas corrompu encore, mais ambitieux déjà. Quelles furent ses manières envers vous?

EDMOND.

Douces, plutôt que sévères.

FARIA.

Lui avez-vous tout raconté?

EDMOND.

Tout!

FARIA.

Et ses manières ont-elles changé dans le courant de l'interragatoire?

EDMOND.

Un instant, elles ont été altérées, lorsqu'il eut lu la lettre qui me compromettait, il parut comme accablé de mon malheur.

FARIA.

De votre malheur?

EDMOND.

Oui.

FARIA.

Êtes-vous bien sûr que c'était votre malheur qu'il plaignait?

EDMOND.

Il m'a donné une grande preuve de sa sympathie, du moins..

FARIA.

Laquelle?

EDMOND.

Il a brûlé la seule pièce qui pouvait me compromettre.

FARIA.

Laquelle? la dénonciation?...

EDMOND.

Non, la lettre.

FARIA.

Vous en êtes sûr?

EDMOND.

Cela s'est passé devant moi.

FARIA.

C'est autre chose; cet homme pourrait être un plus profond scélérat que vous ne croyez.

EDMOND.

Vous me faites frissonner, sur mon honneur! le monde est il donc peuplé de tigres?

FARIA.

Oui; seulement, les tigres à deux pieds sont plus dangereux que les autres.

EDMOND.

Continuons! continuons!...

FARIA.

Il a brûlé la lettre, m'avez-vous dit?

EDMOND.

Oui! en s'écriant: « Il n'existe que cette preuve contre vous, et je l'anéantis. »

FARIA.

Cette conduite est trop sublime pour être naturelle.

EDMOND.

Vous croyez?

FARIA.

J'en suis sûr... A qui cette lettre de Napoléon était-elle adressée?

EDMOND.

A M. Noirtier, rue Coq-Héron, n° 5, à Paris.

FARIA.

Noirtier?... J'ai connu un comte de Noirtier à la cour de l'ancienne reine d'Étrurie... un Noirtier qui avait été girondin pendant la Révolution... Comment s'appelait votre homme, à vous?

EDMOND.

De Villefort... Qu'avez-vous?...

FARIA.

Voyez-vous cette lumière?

EDMOND.

Oui.

FARIA.

Eh bien, tout est plus clair pour moi maintenant que ce rayon transparent et lumineux... Et cet homme a été bon pour vous?

EDMOND.

Oui.

FARIA.

Il vous a fait jurer de ne jamais prononcer le nom de Noirtier?

EDMOND.

Oui.

FARIA.

Ce Noirtier, pauvre aveugle que vous êtes, savez-vous ce que c'était que ce Noirtier?.... Ce Noirtier, c'était son père!

EDMOND.

Son père! son père!

FARIA.

Oui, qui s'appelle Noirtier de Villefort!

EDMOND.

Oh! laissez moi, laissez moi!... il faut que je sois seul pour penser à tout cela!

FARIA.

Pauvre enfant!

ACTE QUATRIÈME

HUITIÈME TABLEAU

Chez le comte de Morcerf. — Un riche salon.

SCÈNE PREMIÈRE

Un Domestique, MOREL.

LE DOMESTIQUE.
Par ici, monsieur, je vous prie... Veuillez attendre un instant dans ce boudoir.

MOREL.
Pardon, mon ami, mais je ne comprends pas ; il me semble qu'il y a ici une fête, et je pensais que la personne qui m'avait fait demander...

SCÈNE II

Les Mêmes, MERCÉDÈS.

MERCÉDÈS.
La voici, monsieur !

MOREL.
Madame...

MERCÉDÈS, au Domestique.
Laissez-nous !... Me reconnaissez-vous, monsieur Morel ?

MOREL.
Madame, je cherche à me rappeler... Il me semble que j'ai déjà eu l'honneur... mais j'avoue...

MERCÉDÈS.
Regardez-moi-bien...

MOREL.
Excusez-moi, madame...

MERCÉDÈS.
Votre main, monsieur Morel. Je suis Mercédès.

MOREL.
Mercédès la Catalane ?..:

6.

MERCÉDÈS.

Oui, monsieur !... Mercédès la Catalane.

MOREL.

Impossible !

MERCÉDÈS.

Vous me trouvez donc bien changée, bien vieillie ?

MOREL.

Au contraire, madame !... vous êtes belle, vous êtes jeune... et, à ce qu'il paraît, riche et heureuse.

MERCÉDÈS.

Riche, oui, monsieur Morel... Mais asseyez-vous, je vous prie.

MOREL.

Madame...

MERCÉDÈS.

Oh ! vous me feriez croire que vous n'avez point plaisir à me revoir, et que vous êtes pressé de vous en aller...

MOREL.

Vous vous tromperiez doublement en croyant cela, madame... Mais voulez-vous bien me permettre de vous adresser quelques questions ?

MERCÉDÈS.

D'autant plus volontiers, monsieur, que je vous ai prié de venir me voir pour vous questionner moi-même.

MOREL.

La lettre que j'ai reçue était signée de madame la comtesse de Morcerf.

MERCÉDÈS.

C'est moi, monsieur.

MOREL.

Mais alors... Fernand ?...

MERCÉDÈS.

Tout n'est qu'heur et malheur en ce monde, vous le savez, cher monsieur Morel... Fernand est devenu M. le comte de Morcerf.

MOREL.

Et vous ?

MERCÉDÈS.

Et moi, monsieur, je suis devenue sa femme.

MOREL.

En effet, pourquoi non?... C'était la marche ordinaire des choses.

MERCÉDÈS.

Oh! monsieur, il y a un cruel reproche dans ce que vous me dites là!...

MOREL.

Un reproche, madame la comtesse!...

MERCÉDÈS.

Oui, je le comprends... Mais celui-là seul qui se fût trouvé à ma place peut en juger... Pauvre, en face d'un homme qui m'adorait et que j'aimais moi-même, non pas comme un amant, mais comme un frère, j'ai gardé près de deux ans la foi que j'avais jurée au pauvre Edmond... Puis, enfin, n'ayant plus d'espoir, j'ai cédé à l'obsession. Voilà comment j'ai épousé Fernand, monsieur, voilà comment je suis comtesse de Morcerf.

MOREL.

Mon Dieu, madame, mais c'est un rêve!

MERCÉDÈS.

Que je vais vous expliquer... Fernand, vous le savez, est parti comme soldat en 1816; vous l'avez vu revenir lieutenant en 1818. Ce fut alors que nous nous mariâmes. La guerre de l'indépendance éclata en Grèce, Fernand partit avec le grade de capitaine; Ali, pacha de Janina, avait besoin d'un officier instructeur : mon mari entra à son service, et devint l'homme de son intimité. Vous avez entendu raconter la mort du lion de l'Épire, comme on l'appelait : il fut surpris dans un kiosque, égorgé après une défense inouïe... Mon mari fut de ses derniers défenseurs, et, en expirant, Ali lui tendit une bourse pleine de diamants... Cette bourse est la source de notre fortune... Fernand est donc revenu en France avec le grade de général, que Sa Majesté a bien voulu lui confirmer, et auquel elle a ajouté le titre de comte. Voilà, cher monsieur Morel, comment il se fait que ma lettre était signée : comtesse de Morcerf, et non pas : Mercédès la Catalane.

MOREL.

En vérité, madame, vous me faites une grande joie... Et M. le comte?...

MERCÉDÈS.

Est dans le salon voisin.

MOREL.

Maintenant, veuillez m'expliquer, madame, comment il se fait...

MERCÉDÈS.

Que je vous aie écrit, que je vous reçoive au milieu d'un bal?... Je vais vous le dire... J'ai su, aujourd'hui à cinq heures seulement, que vous étiez à Paris, et, en même temps, j'ai appris que vous quittiez Paris demain dès le matin... Je voulais vous voir, monsieur Morel, et j'ai pensé que vous seriez assez bon pour vous déranger à ma demande...

UNE FEMME DE CHAMBRE, entrant.

Madame...

MERCÉDÈS.

C'est bien, j'irai embrasser mon fils tout à l'heure... Allez!

MOREL.

Vous avez un fils, madame la comtesse?

MERCÉDÈS.

Oui... Mais, vous-même, monsieur Morel, parlez-moi un peu de vous, de votre femme, de votre famille... Car, vous aussi, vous avez un fils?

MOREL.

Oui, madame, et une fille... Le fils, mon Maximilien, est à l'École polytechnique.

MERCÉDÈS.

Et la fille?

MOREL.

C'est une enfant de six ou sept ans à peine; elle est à Marseille chez sa mère... Pauvre petite Julie!... Mais, pardon, madame, vous paraissez distraite...

MERCÉDÈS.

Oui, monsieur; car vous venez de prononcer le mot de Marseille, et ce mot me rappelle le souvenir d'autres personnes que j'ai connues... dans cette ville.

MOREL.

Oui, je comprends, vous pensez à...

MERCÉDÈS.

Excusez-moi, monsieur Morel... Ayant été indulgent pour moi comme amante, ne me jugez pas trop sévèrement comme femme.

MOREL.

Oh! madame, je vous jugerais sévèrement, au contraire, si vous aviez oublié...

MERCÉDÈS.

Non, non, je n'ai pas oublié, monsieur Morel, non!... Et maintenant, je vous avouerai une chose, c'est que mon désir de vous voir...

MOREL.

Oui, oui, je comprends...

MERCÉDÈS.

Eh bien?

MOREL.

Hélas! madame!...

MERCÉDÈS.

Pas de nouvelles?...

MOREL.

Aucune.

MERCÉDÈS.

Il n'a point reparu à Marseille?

MOREL.

Nul ne l'a jamais revu.

MERCÉDÈS.

Et vous ne savez rien, absolument rien sur son compte?

MOREL.

Rien.

MERCÉDÈS.

Vous avez fait quelques démarches, cependant?

MOREL.

Toutes celles qu'il était possible de faire.

MERCÉDÈS.

Mais... avez-vous remonté aux sources?

MOREL.

Aux plus sûres... J'ai été droit à M. de Villefort.

MERCÉDÈS.

On me le présente ce soir. Nous avons eu la même idée, monsieur Morel... J'espérais, par lui, soit directement, soit indirectement...

MOREL.

Il est inutile que vous lui parliez d'Edmond, madame.

MERCÉDÈS.

Pourquoi cela?

MOREL.

Il ne vous en dira que ce qu'il m'en a dit.

MERCÉDÈS.

Et que vous en a-t-il dit? Vous comprenez mon impatience, n'est-ce pas, monsieur?

MOREL.

Il m'a dit qu'il avait envoyé les papiers de la procédure a Paris, et que, huit ou dix jours après cet envoi, le prisonnier avait été enlevé par ordre supérieur.

MERCÉDÈS.

Enlevé?...

MOREL.

Oui.

MERCÉDÈS.

Pauvre Edmond!... Et depuis?...

MOREL.

Et, depuis, M. de Villefort a été successivement envoyé à Nîmes, à Versailles, à Paris... Il était le seul qui pût me donner des renseignements... Je ne l'ai pas revu.

MERCÉDÈS.

Ainsi donc, vous n'avez pu rien apprendre?

MOREL.

Rien.

MERCÉDÈS.

Il est mort!...

MOREL.

C'est plus que probable, madame.

MERCÉDÈS.

Écoutez, monsieur Morel, je ne puis m'habituer à cette idée, que le pauvre Edmond soit mort; et cependant Dieu m'est témoin que, si je l'eusse cru vivant, nulle puissance au monde n'eût pu me déterminer à devenir l'épouse d'un autre... Je voulais donc vous dire que, si jamais vous appreniez que nous avons été trompés tous deux... que, s'il arrivait qu'il reparût à Marseille, ou que, si vous saviez enfin qu'il existe dans un lieu du monde quelconque... je voulais vous dire que je compte sur vous, monsieur More, pour m'écrire ces deux seuls mots : « Il vit! »

MOREL.

Madame, à l'instant même, je le ferais.

MERCÉDÈS.

Merci, monsieur... Et peut-être alors serai-je plus malheureuse, mais au moins je serai plus calme.

MOREL.

Je n'ai pas besoin de vous dire, madame, que, si vous revenez jamais à Marseille...

MERCÉDÈS.

Oh! monsieur Morel, on ne retourne pas facilement là où l'on a éprouvé de pareilles douleurs!

MOREL.

Il y a une maison aux allées de Meilhan...

MERCÉDÈS.

Où nous irions faire un pèlerinage.

MOREL.

A nous deux, n'est-ce pas, madame?...

SCÈNE III

Les Mêmes, FERNAND.

FERNAND.

Et pourquoi pas à nous trois?... Dantès était de mes amis, vous le savez bien, madame.

MOREL.

Monsieur le comte...

FERNAND.

Bonjour, cher monsieur Morel!... Vous vous êtes souvenu de vos anciens amis, et c'est bien fait à vous... Passez-vous la soirée à l'hôtel?

MOREL.

Merci, monsieur le comte... Vous le voyez, j'étais venu...

FERNAND.

Pour vous rendre à l'invitation de la comtesse?... Merci... C'est moi qui l'ai priée de vous écrire... Souvent nous parlons du pauvre Dantès, et, en rentrant en France après une longue absence, j'espérais en apprendre quelque nouvelle...

MOREL.

Monsieur le comte, madame me faisait l'honneur de me dire, au moment où vous êtes entré, qu'elle attendait du monde, et je la priais de m'excuser... Je pars demain.

FERNAND.

C'est bien, monsieur Morel... Nous espérons, la comtesse et moi, pouvoir aller passer l'hiver dans les environs de Marseille... Vous permettrez que nous vous fassions une visite?

MOREL.

Ce sera un grand honneur pour moi... Monsieur le comte... madame la comtesse...

(Il salue et sort.)

SCÈNE IV

FERNAND, MERCÉDÈS.

FERNAND.

Vous n'oublierez donc jamais cet homme, madame?

MERCÉDÈS.

Vous ai-je jamais fait la promesse de l'oublier, monsieur?

FERNAND.

Non, je le sais bien... Mais vous devriez, par respect pour le nom que vous portez, ne pas mettre les étrangers dans le secret de votre amour.

MERCÉDÈS.

M. Morel n'est pas un étranger pour moi, monsieur... C'était le second père de celui...

FERNAND.

Que vous aimiez... Dites le mot.

MERCÉDÈS.

De celui que j'aimais, de celui que j'allais épouser... Rien n'était plus pur que cet amour, monsieur, et nul n'a le droit de me le reprocher... Je n'étais pas sa maîtresse, j'étais sa fiancée, j'étais presque sa femme, et j'ai porté son deuil comme eût fait une veuve.

FERNAND.

Vous l'avez porté!... dites que vous le portez encore!

MERCÉDÈS.

Dans mon cœur, oui, monsieur, toujours.

FERNAND.

Eh! madame, ne craignez-vous pas à la fin...?

MERCÉDÈS.

Pardon, monsieur, je crois que nous ne sommes plus seuls.

UN VALET, annonçant.

M. de Villefort!

SCÈNE V

Les Mêmes, VILLEFORT.

FERNAND.

Ah ! venez donc !... Comtesse, voulez-vous me permettre de vous présenter M. de Villefort, que j'ai eu l'honneur de rencontrer chez madame de Nargonne ?...

VILLEFORT.

Madame la comtesse...

FERNAND, à la Comtesse.

Pas un mot de Marseille, vous comprenez !

MERCÉDÈS.

Monsieur, je suis fière de recevoir chez moi un homme d'une aussi haute réputation que l'est la vôtre, et cependant, vous eussiez pu me faire plus fière encore... Je cherche madame de Villefort, et je ne la vois point...

VILLEFORT.

Oh ! madame, je n'eusse point osé...

FERNAND, à la Comtesse.

Vous savez que mademoiselle de Saint-Méran est morte et qu'il est remarié... N'allez donc pas confondre.

MERCÉDÈS.

Oui, monsieur, je le sais.

VILLEFORT.

Pardon, général, mais il me semble que j'ai rencontré, sous votre porte, une de nos anciennes connaissances de Marseille?

FERNAND.

Monsieur Morel ?

VILLEFORT.

Justement !... Êtes-vous donc en affaires avec lui ?

FERNAND.

J'ai quelques fonds placés dans sa maison... oui... Puis Marseille est le relais de la Grèce, et, vous le savez, j'ai fait trois ans la guerre en Épire... Vous connaissez ce Morel ?

VILLEFORT.

C'est-à-dire que je l'ai connu quand j'habitais Marseille.

FERNAND.

Je le crois bon... comme fortune?...

VILLEFORT.

M. Morel?

SCÈNE VI

Les Mêmes, DANGLARS.

DANGLARS.

Morel?... Excellent! et je voudrais avoir cinq cent mille francs chez lui.

FERNAND.

Eh! mon cher millionnaire, cela ne vous ferait pas beaucoup plus riche.

DANGLARS.

Cela me ferait plus riche de cinq cent mille francs, et il n'y a pas de somme méprisable, si petite qu'elle soit... En quatorze ans, retenez bien cela, mon cher comte, les intérêts doublent le capital... Comtesse, vous êtes adorable ce soir.

FERNAND.

Monsieur de Villefort, voulez-vous me permettre de vous présenter mon ami, M. le baron Danglars, un de nos plus hardis spéculateurs, pour qui la Bourse a eu vingt Austerlitz, sans avoir jamais eu un Waterloo!

VILLEFORT.

Je vous fais mes compliments, monsieur.

DANGLARS.

Et je les accepte, quoique je ne puisse pas vous les rendre; vous avez une fortune, monsieur, qui peut se passer du flux de la hausse ou du reflux de la baisse... Oh! je ne vous connais pas, c'est vrai; mais je connais vos rentes.

SCÈNE VII

Les Mêmes, MADAME D'ISTEL.

MADAME D'ISTEL.

Allons, vous voilà encore à parler argent... Oh! quel homme insupportable vous faites, monsieur, Danglars, et que je ne voudrais pas, pour la moitié du monde, être votre femme !

DANGLARS.

Vous feriez cependant une belle affaire, madame; car, si j'avais l'autre moitié, moi, je vous la donnerais, pour être votre mari.

FERNAND.

Allons, pas mal pour un banquier.

VILLEFORT.

Vous venez sans madame de Nargonne?

MADAME D'ISTEL.

Madame de Nargonne n'a pas pu venir.

VILLEFORT.

Lui serait-il arrivé quelque accident?... Vous êtes pâle.

MADAME D'ISTEL, bas.

Avez-vous votre voiture?

VILLEFORT.

Oui...

MADAME D'ISTEL, de même.

Ordonnez à votre cocher de vous attendre.

MERCÉDÈS.

M. de Villefort ne se retire pas encore, j'espère?

MADAME D'ISTEL.

Ne faites pas attention... M. de Villefort s'est mis à mes ordres, et j'use de sa complaisance. (Bas.) Éloignez ces messieurs, chère Mercédès ! j'ai besoin d'être seule un moment.

MERCÉDÈS.

Ce salon est à vous, ma bonne Clémence, et je vais en fermer la porte.

MADAME D'ISTEL.

Merci !

MERCÉDÈS.

Voulez-vous me donner le bras pour rentrer dans les salons, monsieur Danglars?

DANGLARS.

Comment donc, madame !...

MERCÉDÈS, du salon voisin.

Monsieur de Morcerf, je crois qu'il manque vingt-cinq louis là-bas à l'écarté.

(Elle s'éloigne avec Danglars et Fernand.)

SCÈNE VIII

MADAME D'ISTEL, VILLEFORT.

MADAME D'ISTEL.

Vous voici, monsieur ! Venez vite... Avez-vous votre voiture ?

VILLEFORT.

Mon cocher était parti ; je ne lui avais donné l'ordre que pour deux heures du matin.

MADAME D'ISTEL.

Ah ! mon Dieu !

VILLEFORT.

Mais j'ai trouvé une espèce de remise qui stationnait devant la porte, et je l'ai retenu.

MADAME D'ISTEL.

Cela vaut mieux.

VILLEFORT.

Maintenant, dites-moi, qu'est-il arrivé ?

MADAME D'ISTEL.

Vous ne devinez pas ?

VILLEFORT.

Madame de Nargonne serait-elle souffrante ?

MADAME D'ISTEL.

Madame de Nargonne est à votre petite maison d'Auteuil !...

VILLEFORT.

Mais je croyais qu'elle ne devait y aller qu'au moment...

MADAME D'ISTEL.

Eh bien, le moment est arrivé... Avant une heure, madame de Nargonne sera mère !

VILLEFORT.

Eh quoi ! madame de Nargonne vous a dit...?

MADAME D'ISTEL.

Madame de Nargonne m'a dit que vous étiez le confident de toutes ses pensées ; qu'elle vous avait fait l'aveu de la position dans laquelle elle se trouvait ; qu'avec la délicatesse d'un homme du monde et le dévouement d'un ami, vous lui aviez offert cette petite maison d'Auteuil, que vous avez héritée de mademoiselle de Saint-Méran, et qui n'est gardée que par un vieux concierge. Voilà ce que m'a dit madame de Nargonne, pas autre chose. Rassurez-vous donc, monsieur; vis-à-vis de moi, il n'y a qu'elle de compromise. Maintenant, madame de Nargonne réclame, au nom de l'amitié, la promesse que vous avez faite de ne pas l'abandonner; elle me charge de vous prévenir qu'elle vous attend... Vous attendra-t-elle inutilement?... Répondez, monsieur de Villefort!

VILLEFORT.

Oh! non, non!... Je vais, je pars... Mais vous?...

MADAME D'ISTEL.

Moi, je rentre dans les salons... Vous comprenez, il faut que j'excuse son absence.

VILLEFORT.

Et moi, je cours à Auteuil!... (A part.) Oh! quelle imprudence d'avoir été confier à cette femme...

SCÈNE IX

VILLEFORT, BERTUCCIO, sur le seuil de la porte.

VILLEFORT.

Pardon, mon ami...

BERTUCCIO.

Pardon, monsieur de Villefort.

VILLEFORT.

Qui es-tu?

BERTUCCIO.

Je suis Gaetano Bertuccio, frère de Luigi Bertuccio, que tu as fait condamner à mort.

VILLEFORT.

Que j'ai fait condamner à mort?...

BERTUCCIO.

Oui... Tu as oublié; mais, moi, je me souviens.

VILLEFORT.

Eh bien, que me veux-tu?

BERTUCCIO.

Je veux te dire que tu as tué mon frère.

VILLEFORT.

Ce n'est pas moi, c'est la loi.

BERTUCCIO.

N'importe!...

VILLEFORT.

Ton frère était coupable.

BERTUCCIO.

Mon frère n'était pas coupable... La vendette avait été loyalement déclarée ; c'était à son ennemi de se garder.

VILLEFORT.

Allons donc, mon ami, vous êtes fou !

BERTUCCIO.

Je ne suis pas fou, je suis Corse !

VILLEFORT.

Enfin, que me voulez-vous ?

BERTUCCIO.

Vous vous rappelez que, pendant le procès, notre cousin, Israël Bertuccio, alla vous trouver ?...

VILLEFORT.

Oui.

BERTUCCIO.

Vous vous rappelez qu'il vous dit que celui dont vous demandiez la tête avait un frère ?...

VILLEFORT.

Oui.

BERTUCCIO.

Vous vous rappelez qu'il vous dit que, si cette tête tombait...?

VILLEFORT.

Oh ! des menaces ?...

BERTUCCIO.

Je suis ce frère... Me voici de retour après deux ans d'absence... J'ai réclamé mon droit de vengeance, et je viens te dire : Gérard de Villefort, tu as fait condamner mon frère, Luigi Bertuccio, à la peine de mort. La vendette est déclarée entre nous, garde-toi !

VILLEFORT.

Misérable !

BERTUCCIO.

Partout où je te trouverai, Gérard de Villefort, soit de jour, soit de nuit, soit de loin, soit de près... partout je te frapperai ! Garde-toi donc, car, en franchissant le seuil de cette porte, maintenant que tu es prévenu, maintenant que la vendette est déclarée, tu m'appartiens !

(Il s'échappe par la fenêtre du rez-de-chaussée.)

SCÈNE X

VILLEFORT. MADAME D'ISTEL.

MADAME D'ISTEL.
Eh bien, monsieur de Villefort, encore ici !
VILLEFORT
Je pars, madame, je pars !

NEUVIÈME TABLEAU

Le jardin d'Auteuil. — Un mur au fond; un taillis à droite.

SCÈNE UNIQUE

BERTUCCIO, sur le mur; puis VILLEFORT.

BERTUCCIO.
Ils sont entrés ici... Bien ! la clef est en dedans, rien ne s'oppose à ma fuite. Deux heures... Examinons les localités... L'obscurité partout, excepté dans cette chambre... C'est la qu'ils sont... Ne dirait-on pas qu'on entend quelque chose comme des gémissements... Non, je me trompais... J'ai souvent entendu dire que celui qui tenait la nuit un poignard à la main croyait toujours entendre des cris dans l'air... Non, je me trompais, ce n'est rien... Ah ! que se passe-t-il ?... On vient... C'est un pas d'homme... C'est lui !... Il est armé, ce me semble... Que tient-il à la main ?... Une bêche... Que va-t-il faire ? Enterrer quelque trésor peut-être... Attendons... (Villefort entre, jette son manteau, creuse le sol, met une cassette dans le trou, et la recouvre de terre.) Je ne m'étais pas trompé... (Haut.) Gérard de Villefort, je suis Gaetano Bertuccio, qui t'ai déclaré la vendetta ce soir... Tiens !... la mort pour mon frère !... ton trésor pour sa veuve !... Tiens ! (Il le frappe ; Villefort tombe en poussant un cri. — Ouvrant la cassette.) Un enfant !... mon Dieu ! un enfant !

(Il fuit en emportant la cassette.)

VILLEFORT, essayant de se relever.

A l'aide !... au secours !...

(Il retombe.)

ACTE CINQUIÈME

DIXIÈME TABLEAU

Les deux cachots du château d'If, séparés par le gros mur que les prisonniers ont percé. — Tous deux sont, au lever du rideau, dans l'excavation pratiquée dans ce mur. — Au-dessus, une galerie sur laquelle se promène une Sentinelle.

SCÈNE PREMIÈRE

FARIA, EDMOND.

FARIA.

Eh bien?...

EDMOND.

Nous n'avons plus que l'épaisseur de la dalle. J'entends passer et repasser le soldat au-dessus de ma tête.

FARIA.

Ainsi, en descellant encore une ou deux pierres...?

EDMOND.

La dalle tombe, et l'homme avec...

FARIA.

Dantès, mon enfant, si vous pouvez ne pas tuer cet homme, ne le tuez pas...

EDMOND.

Vous savez, ce qui est convenu sera exécuté... L'homme tombe, nous nous jetons sur lui, nous le bâillonnons, nous le garrottons ; puis, tous deux, nous sortons par l'ouverture, nous nous précipitons à la mer, et nous gagnons la côte à la nage... Quelle heure est-il ?

FARIA.

Minuit passé. Avons-nous le temps de fuir cette nuit?

EDMOND.

Sans doute.

FARIA.

Si nous attendions à la nuit prochaine?...

EDMOND.

Non, non; pas une heure, pas une seconde de plus, dans cet odieux cachot! Songez-y, quatorze ans de captivité!... quatorze ans!...

FARIA.

C'est bien. Descellez les dernières pierres.

EDMOND.

Et vous, préparez les cordes et le bâillon.

FARIA.

J'y vais... (Il redescend dans son cachot.) Mon Dieu! mon Dieu!...

EDMOND, en haut.

J'attends.

FARIA.

Dantès! Dantès!... Vite! vite!... à moi!

EDMOND.

Qu'y a-t-il?

FARIA.

A moi, Dantès!... à moi!...

EDMOND, redescendu dans le cachot de Faria.

Qu'avez-vous?... mon Dieu, qu'avez-vous?...

FARIA.

Je suis perdu!

EDMOND.

Vous?

FARIA.

Oui, oui!... Écoutez!... Je le sens, je le sens!...

EDMOND.

Quoi?

FARIA.

Un mal terrible, mortel peut-être... un mal dont je fus déjà, atteint une année avant mon incarcération. L'accès arrive, je le sens, je le sens!

EDMOND.

Que faire?... qu'ordonnez-vous?

FARIA.

Un remède, un seul... Levez le pied de mon lit; ce pied est

creux; vous y trouverez un petit flacon de cristal à moitié plein d'une liqueur rouge; prenez-le, prenez-le!...

EDMOND.

Je le tiens.

FARIA.

Écoutez, écoutez chaque parole, et devinez, si je ne puis achever... Voici le mal qui vient, je vais tomber en catalepsie... Peut-être paraîtrai-je mort, et ne jetterai-je pas une plainte; peut-être me tordrai-je en criant et en écumant; en ce cas, tâchez qu'on n'entende pas mes cris; étouffez-moi, s'il le faut.

EDMOND.

Achevez! achevez!

FARIA.

Quand vous me verrez sans connaissance, ouvrez-moi les dents en me desserrant les mâchoires avec un couteau, et, par l'ouverture, laissez couler dans ma bouche huit ou dix gouttes de cette liqueur, et, alors, peut-être reviendrai-je.

EDMOND.

Peut-être, dites-vous?... Oh! mon Dieu!

FARIA.

Oh! oh! à moi! à moi!... Je me meurs... Ah!

(Il tombe.)

EDMOND.

Seigneur! Seigneur! ayez pitié de nous, mon Dieu! Son pouls ne bat plus, son cœur est éteint... Que m'a-t-il dit?... Ma tête se perd. Ah! oui, ce flacon, le couteau, ses dents... Oh! serrées, serrées comme s'il était mort! Faria, mon père, oh! reviens à toi, reviens!... c'est ton enfant qui t'appelle, celui qui te doit plus que la vie, mon maître bien-aimé!... Oh! rien! rien!... Mon Dieu! mon Dieu! un miracle! j'ai assez souffert et souffert assez innocemment pour vous demander un miracle!... O mon Dieu! mon Dieu! rendez-le à la vie, je vous en conjure, ô mon Dieu!... Oh! oh! je ne me trompe pas, le pouls recommence à battre... Le cœur...il bat, il bat aussi!... Faria! Faria! mon père!... ouvre les yeux. regarde-moi... Il me regarde... Oh! sauvé, sauvé!...

FARIA.

Dantès!...

EDMOND.

Oui, oui, Dantès... Edmond... votre ami...

FARIA.

Près de moi !

EDMOND.

Sans doute.

FARIA.

Ah ! je ne croyais plus vous revoir...

EDMOND.

Vous croyiez mourir ?...

FARIA.

Je croyais, vous qui étiez si pressé de fuir tout à l'heure, que, pendant mon évanouissement...

EDMOND.

Taisez-vous !... taisez-vous !

FARIA.

Je m'étais trompé, je le vois bien... Oh ! je suis bien faible, bien anéanti...

EDMOND.

Courage ! vos forces reviendront.

FARIA.

Non... La dernière fois, l'accès dura quelques secondes à peine... Voyez, je ne puis ni remuer la jambe gauche ni lever le bras gauche... Ce bras est paralysé ; soulevez-le vous-même, et voyez ce qu'il pèse.

EDMOND.

Eh bien, nous attendrons huit jours, un mois, deux mois, s'il le faut... Dans cet intervalle, vos forces reviendront. Tout est préparé pour notre fuite, nous avons la liberté d'en choisir l'heure et le moment. Le jour où vous vous sentirez assez de force pour nager, eh bien, ce jour-là, nous mettrons notre projet à exécution... et, s'il le faut, je vous prendrai sur mes épaules, et vous soutiendrai en nageant.

FARIA.

Enfant ! chargé d'un pareil fardeau, vous ne feriez pas cinquante brasses dans la mer... Non, non, ne vous abusez point par des chimères, Edmond... Je resterai ici jusqu'à l'heure de ma délivrance... et ma délivrance, c'est la mort...

EDMOND.

Oh ! mon Dieu !...

FARIA.

Mais que cela ne vous arrête point, Edmond... Fuyez,

vous !... vous êtes fort, jeune et adroit... Edmond, mon enfant, fuis... Je te rends ta parole.

EDMOND.

C'est bien ! moi aussi, je resterai, alors !...

FARIA.

Edmond, tu es fou.

EDMOND.

Par le sang de Notre-Seigneur Jésus-Christ, je jure de ne vous quitter qu'à votre mort...

FARIA.

Eh bien, j'accepte... Merci, mon fils... Ton dévouement ne sera pas long, je l'espère... et peut-être sera-t-il récompensé.

EDMOND.

Que voulez-vous dire ?

FARIA.

Dantès, regarde !

EDMOND.

Qu'est ceci ?

FARIA.

Regarde bien.

EDMOND.

Je regarde de tous mes yeux, et ne vois qu'un papier à demi brûlé, sur lequel sont tracés des caractères gothiques avec une encre singulière.

FARIA.

Ce papier, mon ami... et maintenant je puis tout vous avouer, puisque je vous ai éprouvé... ce papier, c'est mon trésor, qui, à compter d'aujourd'hui, vous appartient.

EDMOND.

Votre trésor ?

FARIA.

Oui.

EDMOND, à part.

Oh ! mon Dieu ! voilà sa folie qui lui revient...

FARIA.

Dantès, vous êtes un noble cœur, et je comprends, à votre pâleur et à votre frisson, ce qui se passe en vous en ce moment... Non, mon ami, non, soyez tranquille, je ne suis pas fou ! non... Ce trésor existe, Dantès, et, s'il ne m'a pas été donné de le posséder, vous le posséderez, vous... Personne n'a voulu m'écouter ni me croire, parce que l'on me jugeait fou ; mais, vous qui devez savoir mieux que personne que je ne le suis pas, écoutez-moi, et ensuite vous me croirez si vous voulez !... Mais, d'abord, lisez, mon ami, lisez...

EDMOND.

Je ne vois là que des signes tronqués, des mots sans suite, des caractères interrompus par l'action du feu, et qui restent inintelligibles.

FARIA.

Pour vous, mon ami, qui les lisez pour la première fois, mais non pas pour moi qui ai pâli dessus pendant bien des nuits, qui ai reconstruit chaque phrase, complété chaque pensée... Écoutez... Je vous ai, une fois, en parlant de Rome, raconté l'histoire d'Alexandre VI et de César Borgia ?...

EDMOND.

Oui.

FARIA.

Je vous ai dit ces empoisonnements étranges à l'aide desquels ils héritaient des cardinaux qui mouraient autour d'eux... Eh bien, un jour, ils résolurent d'hériter du cardinal Spada, l'un des plus riches cardinaux de Rome. Ils lui envoyèrent un messager pour l'inviter à dîner dans leur vigne. Il en était de ces invitations comme de celles que Néron envoyait par un prétorien : il n'y avait pas moyen de s'y soustraire... Le cardinal répondit qu'il acceptait, et demanda seulement la permission de passer dans une chambre à côté pour y prendre son bréviaire. Dix minutes après, il sortit, son bréviaire sous le bras. A trois heures de l'après-midi, il mourait entre les bras du médecin du pape, sans avoir eu le temps de dire à son valet de chambre autre chose que ces mots : « Remettez ce bréviaire à mon neveu... » Quand le valet de chambre rentra avec son bréviaire, il trouva le neveu expirant. Les Borgia avaient fait les choses en grand. Cependant, contre l'attente du pape, on eut beau chercher dans les palais, dans les caves, dans les vignes du cardinal Spada, on ne trouva, sauf quelques milliers d'écus, sauf quelques bijoux d'un prix médiocre, aucune trace de cette immense fortune que tout le monde connaissait au défunt. Comme le cardinal n'avait d'autre héritier que son neveu, tout fut vendu à l'encan... le bréviaire comme le reste. J'étais grand collectionneur de livres, vous le savez, mon cher Edmond;

j'appris que ce bréviaire historique, qui, depuis trois cents ans, voyageait de bibliothèque en bibliothèque, était à vendre, et je l'achetai...

EDMOND.

Mon Dieu ! mon Dieu !... vous pâlissez...

FARIA.

Donnez-moi le reste du flacon...

EDMOND.

Faria, mon père...

FARIA.

Un jour que j'étais fatigué, je m'endormis dans mon cabinet de travail, vers quatre heures, et ne me réveillai qu'à la nuit... Il faisait trop sombre pour que je pusse continuer à écrire sans lumière... Il restait du feu dans l'âtre, j'avais une bougie devant moi, je cherchai quelque papier pour allumer ma bougie, et, craignant de prendre un papier précieux, je me souvins d'avoir vu, dans le fameux bréviaire, un vieux papier tout jauni par le haut, qui avait l'air d'un signet, et qui avait traversé les siècles, protégé par la vénération ou l'insouciance des acheteurs. Je cherchai, en tâtonnant, cette feuille inutile, je la trouvai, je la tordis, et, la présentant à la flamme mourante, je l'allumai... Mais, sous mes doigts, comme par magie, à mesure que le feu montait, je vis des caractères jaunâtres sortir du papier blanc et apparaître sur la feuille... Alors, je compris qu'il y avait quelque mystère caché là-dessous ; j'étouffai le feu, j'allumai directement la bougie au foyer, je rouvris avec une indicible émotion la lettre froissée ; je reconnus qu'une encre sympathique avait tracé ces lettres, apparentes seulement au contact d'une vive chaleur. Un peu plus du tiers avait été consumé par les flammes ; je lus ce qui en restait, et je fus convaincu d'une chose, c'est qu'après trois siècles, je venais de retrouver le vrai, le seul, l'unique testament du cardinal !

EDMOND.

Grand Dieu !... mais illisible, mais inutile, incomplet, puisqu'il n'y a que la moitié des lignes.

FARIA.

Oui, oui... Mais, à force de travail, j'ai recomposé ce qui manque... Voyez, voyez ! approchez ce papier de l'autre, ils s'adaptent ensemble, et lisez, lisez, Dantès !

EDMOND, lisant.

Cejourd'hui, 25 avril 1498, ayant été invité à dîner par Alexandre VI, et craignant que non content de m'avoir fait payer ma charge, il ne veuille hériter de moi et ne me réserve le sort des cardinaux Caprara et Bentivoglio, morts empoisonnés, je déclare à mon neveu Guido Spada, mon légataire universel, que j'ai enfoui dans un endroit qu'il connaît pour l'avoir visité avec moi, c'est-à-dire dans les grottes de la petite île de Monte-Cristo, tout ce que je possédais de lingots, d'or monnayé, pierreries, diamants, bijoux; que seul je connais l'existence de ce trésor, qui peut monter à cinq millions d'écus romains, et qu'il trouvera, ayant levé la vingtième roche à partir de la petite crique de l'est, en droite ligne, lequel trésor je lui lègue en toute propriété, comme mon seul héritier.

Sare Spada.

Mon Dieu!... mon Dieu!... serait-ce vrai?... Mais comment n'avez-vous pas tenté pour vous-même...?

FARIA.

J'allais m'embarquer à Livourne pour l'île de Monte-Cristo, lorsque je fus arrêté comme auteur du grand ouvrage de la royauté en Italie, conduit à Fenestrelle, et, de Fenestrelle, au château d'If... Ainsi, aie confiance, Dantès! car une voix me dit que ce que je n'ai pu faire, tu le feras!... Vrai comme je vais mourir, vrai comme je meurs... Adieu, Dantès!...

(Il tombe.)

EDMOND.

Mon père! mon père!... Ah! plus rien dans le flacon!... Faria!... mon père!... Au secours!... au secours!...

FARIA, recueillant ses forces.

Silence!...

(Il expire.)

EDMOND.

Oh! c'est vrai!... Mon Dieu! auraient-ils entendu?... Des pas!... on vient!... Ces papiers!...

SCÈNE II

FARIA, couché; LE GEÔLIER, EDMOND, caché.

LE GEÔLIER.

Je ne me trompais pas, c'était le vieux qui avait appelé... Hé! l'ami, que fais-tu donc là à terre?... Mort!... (Il appelle.) Baptiste! Baptiste!...

DEUXIÈME GEÔLIER.

Quoi?

PREMIER GEÔLIER.

Viens donc ici!

DEUXIÈME GEÔLIER.

Tiens! il me semblait aussi avoir entendu appeler.

PREMIER GEÔLIER.

Au secours, n'est-ce pas?

DEUXIÈME GEÔLIER.

Oui.

PREMIER GEÔLIER.

C'est un coup d'apoplexie... Remettons-le sur son lit.

DEUXIÈME GEÔLIER.

Le fou est allé rejoindre ses trésors... Bon voyage!

PREMIER GEÔLIER.

Pauvre diable! avec tous ses millions, il n'aura pas de quoi payer son linceul.

DEUXIÈME GEÔLIER.

Oh! les linceuls du château d'If ne coûtent pas cher.

PREMIER GEÔLIER.

Tu ne sais pas; comme c'est un savant, peut-être fera-t-on des frais pour lui.

DEUXIÈME GEÔLIER.

Alors, il aura les honneurs du sac.

PREMIER GEÔLIER.

Allons, allons, il ne s'agit pas de cela, il s'agit de prévenir le gouverneur.

DEUXIÈME GEÔLIER.

Viens, en ce cas... Oh! tu n'as pas besoin de fermer la porte, il ne se sauvera pas.

PREMIER GEÔLIER.

Eh! qui sait?... Ces diables de prisonniers, ils sont si malins!... Il n'aurait qu'à faire le mort!...

DEUXIÈME GEÔLIER.

Tu as raison, ferme.

SCÈNE III

FARIA, mort; EDMOND; puis LE GOUVERNEUR, LE MÉDECIN, LA SENTINELLE, sur la galerie.

EDMOND.

S'ils l'avaient laissée ouverte cependant!... Mais non, non, fermée!... Allons, je n'ai plus qu'une ressource... la galerie... Dors en paix, sainte victime de la méchanceté des hommes!... Maintenant, je vais essayer de faire à moi seul ce que nous devions faire à nous deux... Adieu, Faria!... adieu, mon père!...

(Il remonte dans l'excavation.)

LA SENTINELLE.

Qui vive?...

LE GOUVERNEUR.

Ronde major!

LA SENTINELLE.

Pardon, monsieur le gouverneur.

LE GOUVERNEUR.

Qu'y a-t-il, mon ami?

LA SENTINELLE.

Un mot, s'il vous plaît!

LE GOUVERNEUR.

Allez, docteur, allez avec les geôliers... Je vous rejoins... (A la Sentinelle.) Qu'y a-t-il, mon ami?

LA SENTINELLE.

Pardon, monsieur le gouverneur, mais nous sommes de garde toutes les vingt-quatre heures, comme vous savez...

LE GOUVERNEUR.

Oui.

LA SENTINELLE.

Eh bien, il y a vingt-quatre heures, je montais donc ma garde ici, à la même place...

LE GOUVERNEUR.

Bien.

LA SENTINELLE.

Je marchais comme je marche... Mais, hier, voyez-vous, ça ne sonnait pas le creux sous mes pieds...

LE GOUVERNEUR.

Où cela?

LA SENTINELLE.

Ici... Tenez!...

(Il frappe la dalle avec la crosse de son fusil.)

EDMOND.

Oh! mon Dieu! mon Dieu!... mon dernier espoir!...

LE GOUVERNEUR.

En effet.

LA SENTINELLE.

Entendez-vous?

LE GOUVERNEUR.

Parfaitement.

LA SENTINELLE.

Est-ce qu'il y a une cave là-dessous?

LE GOUVERNEUR.

Non, il y a des cachots... Ton fusil est-il chargé?

LA SENTINELLE.

Oui, mon commandant.

LE GOUVERNEUR.

Je vais t'envoyer deux autres hommes, et, au jour, nous verrons.

EDMOND.

Je suis maudit!...

(Les deux Geôliers sont entrés avec le Médecin.)

SCÈNE IV

Le Médecin, le Gouverneur, entrant; FARIA, mort; EDMOND caché.

LE DOCTEUR.

Ah! c'est le fou furieux?

DEUXIÈME GEÔLIER.

Fou furieux?... Oh! non, monsieur le docteur! La, je puis en répondre, moi, je l'ai toujours trouvé l'homme le plus doux de la terre... Souvent il me racontait des histoires... et, un jour que ma femme était malade, il l'a guérie.

LE DOCTEUR.

J'ignorais que j'eusse affaire à un confrère... J'espère, monsieur le gouverneur, que vous le traiterez en conséquence.

LE GOUVERNEUR.

Oh! soyez tranquille... Ainsi, il est mort?

LE DOCTEUR.

Oui, d'une attaque d'apoplexie.

LE GOUVERNEUR, au Geôlier.

Je vous avais dit de vous munir d'un sac?

LE GEÔLIER.

Et j'ai accompli vos ordres, monsieur le gouverneur... Voilà.

LE GOUVERNEUR.

Faites tout de suite.

LE DOCTEUR.

Vous êtes bien pressé de vous débarrasser de ce pauvre mort, monsieur le gouverneur?

LE GOUVERNEUR.

Ce n'est pas cela précisément; c'est que la sentinelle qui se promène dans la galerie, au-dessus de nos têtes, vient de faire une observation que je désire vérifier, et, pour cela, il faut que le cachot soit vide... Vous êtes sûr qu'il est bien mort, n'est-ce pas?

LE DOCTEUR

Très-sûr.

LE GOUVERNEUR.

Alors, un peu plus tôt, un peu plus tard...

LE DOCTEUR.

Au fait...

LE GOUVERNEUR.

Que dans un quart d'heure tout soit fini.. (Aux Geôliers.) Vous entendez, vous autres?...

EDMOND.

Si, en passant devant mon cachot, ils allaient l'ouvrir!...

(Il retourne précipitamment à son cachot.)

UN GEÔLIER, dans le cachot de Faria.

As-tu une corde, toi?

DEUXIÈME GEÔLIER.

Non.

PREMIER GEÔLIER.

Eh bien, je vais chercher la corde... Va préparer le boulet!

DEUXIÈME GEÔLIER.

Allons...

LE GOUVERNEUR, à la porte du cachot d'Edmond.

Dormez-vous?...

EDMOND.

Que me veut-on?

LE GOUVERNEUR.

Rien... Vous prévenir seulement que votre voisin est mort... Vous aviez demandé autrefois un changement de cachot, peut-être pourra-t-on faire ce que vous désirez...

EDMOND.

Merci!... Ils s'éloignent... et de ce côté plus personne... (Il retourne dans le cachot de Faria, il regarde le mort.) Parti seul!... Me voilà revenu seul... seul en face du néant; plus même la vue, plus même la voix du seul être humain qui m'attachât à la terre! Si je pouvais mourir, j'irais où il va, et je le retrouverais... Mais comment mourir?... C'est bien facile, je n'ai qu'à rester ici, je me jetterai sur le premier qui va entrer, je l'étranglerai, et l'on me guillotinera... C'est ce que j'ai de mieux à faire, puisque toute fuite est impossible maintenant... Oh!

non, ce n'est pas la peine d'avoir tant lutté, d'avoir tant souffert, j'irai jusqu'au bout... Non, je veux vivre, je veux lutter, je veux sortir d'ici un jour, fût-ce dans dix ans! J'ai mes bourreaux à punir, et peut-être aussi, qui sait? mes amis à récompenser... Mais on va m'oublier ici, et je ne sortirai de mon cachot que comme Faria!... Oh! qui m'envoie cette pensée? Est-ce vous, mon Dieu?... Puisqu'il n'y a que les morts qui sortent librement d'ici, prenons la place des morts. Oui, oui, c'est une inspiration céleste! Ce couteau... bien! Si les geôliers s'aperçoivent qu'ils portent un vivant au lieu d'un mort, j'ouvre le sac du haut jusqu'en bas, je profite de leur terreur, et je m'échappe... S'ils veulent m'arrêter, j'ai ce couteau... S'ils me conduisent jusqu'au cimetière et me déposent dans une fosse, je me laisse couvrir de terre, puis je m'ouvre un passage à travers cette terre fraîche, et je m'enfuis... Si je me trompe, si la terre est trop pesante, je meurs étouffé... Tant mieux! tout est fini! (Il va mettre Faria dans son lit.) S'ils entrent ici, ils croiront que c'est moi qui dors; les voilà qui reviennent... Aurai-je le temps?...

PREMIER GEÔLIER, dans le cachot d'Edmond.

Tenez, puisque vous êtes éveillé, pour ne pas vous déranger, on vous apporte votre déjeuner tout de suite.

DEUXIÈME GEÔLIER.

Eh bien, il ne répond pas, ton prisonnier...

PREMIER GEÔLIER.

Ne m'en parle pas, c'est un maniaque, celui-ci... Il dort les trois quarts du temps...

DEUXIÈME GEÔLIER.

Qui dort dîne... Allons, viens!

PREMIER GEÔLIER.

Attends, prête-moi ta lanterne... Oh! il dort, il n'y a rien à dire...

(Pendant ce temps, Edmond s'est enfermé dans le sac.)

EDMOND.

Protégez-moi, mon Dieu!...

PREMIER GEÔLIER, dans le cachot de Faria.

Attends...

(Il lie le sac.)

DEUXIÈME GEÔLIER.

C'est qu'il est encore lourd pour un vieillard si maigre...

PREMIER GEÔLIER.

Dame, on dit que chaque année ajoute une demi-livre au poids des os...

DEUXIÈME GEÔLIER.

Il me semble plus grand que de son vivant...

PREMIER GEÔLIER.

Tu sais bien que l'on grandit en mourant.

DEUXIÈME GEÔLIER.

As-tu fait ton nœud ?

PREMIER GEÔLIER.

Oui... Et toi ?

DEUXIÈME GEÔLIER.

Ce serait bien bête, de nous charger d'un poids inutile... J'attacherai la chose là-haut...

PREMIER GEÔLIER.

Y es-tu ?...

DEUXIÈME GEÔLIER.

Oui !

(Ils enlèvent le sac.)

ONZIÈME TABLEAU

La plate-forme du château d'If; à l'entour, les rochers et la mer. — La nuit est sombre.

—

SCÈNE UNIQUE

LES DEUX GEÔLIERS, portant EDMOND.

PREMIER GEÔLIER.

Allons !

(Ils traversent la galerie et gravissent lentement les rochers.)

DEUXIÈME GEÔLIER.
Attends... C'est ici.
PREMIER GEÔLIER.
Ici, quoi ?...
DEUXIÈME GEÔLIER.
Que j'ai mis le boulet.
PREMIER GEÔLIER.
L'as-tu ?
DEUXIÈME GEÔLIER.
Oui.
PREMIER GEÔLIER.
Bien !
DEUXIEME GEÔLIER.
Est-ce fait ?...
PREMIER GEÔLIER.
Il n'a rien perdu pour attendre... Un boulet de trente-six, comme à un capitaine !
DEUXIÈME GEÔLIER.
En ce cas, en route !
PREMIER GEÔLIER.
Mauvais temps ! Il ne fera pas bon en mer, cette nuit...
DEUXIÈME GÔLIER.
Oui... Le pauvre vieux court grand risque d'être mouillé.
PREMIER GEÔLIER.
Bon ! nous voilà arrivés...
DEUXIÈME GEÔLIER.
Plus loin, plus loin... Tu sais bien que le dernier est resté en route, brisé sur le rocher... et que le gouverneur nous a dit, le lendemain, que nous étions des fainéants...
PREMIER GEÔLIER.
Ici, est-ce bien ?
DEUXIÈME GEÔLIER.
Oui.
PREMIER GEÔLIER, balançant le corps.
Une !

DEUXIÈME GEÔLIER.

Deux !

ENSEMBLE.

Trois !

(Ils lancent le corps, qui disparaît. — On entend un grand cri qu'étouffent le vent et le bruit des flots.)

EDMOND, paraissant sur un rocher.

Sauvé !... mon Dieu ! sauvé !...

FIN DE MONTE-CRISTO (1re PARTIE)

MONTE-CRISTO

(DEUXIÈME PARTIE)

DRAME EN CINQ ACTES, EN SIX TABLEAUX

EN SOCIÉTÉ AVEC M. AUGUSTE MAQUET

Théâtre-Historique. — 4 février 1848.

DISTRIBUTION

EDMOND DANTÈS................................	} MM. MÉLINGUE.
BUSONI..	
UN COMMIS.....................................	
CADEROUSSE, tenant l'auberge du *Pont-du-Gard*.	BOUTIN.
MOREL, armateur................................	SAINT-LÉON.
VILLEFORT.....................................	LACRESSONNIÈRE.
DE BAVILLE....................................	BEAULIEU.
BERTUCCIO.....................................	CRETTE.
JACOPO..	BOILEAU.
BENEDETTO.....................................	COLBRUN.
GAETANO.......................................	CHARLES.
JOANNÈS.......................................	CASTEL.
MAXIMILIEN....................................	BONNET.
EMMANUEL......................................	HENRI.
PÉNÉLON.......................................	BARRÉ.
UN GREFFIER...................................	ALEXANDRE.
UN GEÔLIER....................................	PAUL.
UN BRIGADIER DOUANIER.........................	LIÉMANCE.
JULIE, fille de Morel.........................	Mmes MAILLET.
LA CARCONTE, femme de Caderousse..............	PERSON.
MADAME MOREL..................................	FONTENAY.
CONTREBANDIERS, DOUANIERS, MATELOTS, etc.	

ACTE PREMIER

PREMIER TABLEAU

L'île de Monte-Cristo. — Sur le devant du théâtre, à droite, la plage; la mer et les côtes orientales de la Corse; à gauche, l'île s'élevant en montagne.

SCÈNE PREMIÈRE

BERTUCCIO, BENEDETTO, JACOPO, GAETANO, Contrebandiers.

BENEDETTO.
Tu peux venir, père Bertuccio, il n'y a personne.

BERTUCCIO.
Personne?

BENEDETTO.
A l'exception des chèvres... Oh! si j'avais un fusil... j'en vois une là-bas... (Il ajuste avec la main.) Pan!

JACOPO.
Quelque chose de bon se casserait le cou.

BENEDETTO.
Merci, cousin!

BERTUCCIO.
L'enfant avait dit vrai!

GAETANO.
Oh! ce n'est pas l'île qui m'inquiète.

BERTUCCIO.
Qui t'inquiète donc?

GAETANO.
Notre nouvelle recrue.

BERTUCCIO.
Bah!... En attendant, fais du feu, Benedetto.

BENEDETTO.
Du feu!... avec quoi?

BERTUCCIO.
Pardieu! avec du bois. La broussaille ne manque pas dans

l'île, et le pauvre diable ne sera pas fâché de se réchauffer. Il a l'air d'un bon compagnon...
GAETANO.
Frère Bertuccio, tu te laisses vraiment trop prendre à ce mot : il a l'air...
BERTUCCIO.
Eh ! mon cher, tu as aidé à le sauver, et voilà maintenant que tu veux qu'on le rejette à l'eau...
GAETANO.
D'abord, ce n'est pas moi qui l'ai sauvé, c'est Jacopo.
BERTUCCIO.
N'étais-tu donc pas dans la barque qui a été au-devant de lui ?
GAETANO.
Oui, parce que je voulais voir ce que c'était.
JACOPO.
Eh bien, tu l'as vu : c'était un homme qui était en train de se noyer, et qui était noyé tout à fait, si nous étions arrivés cinq minutes plus tard.
GAETANO.
Peut-être eussions-nous dû le laisser faire.
BERTUCCIO.
Et pourquoi cela ?
GAETANO.
Dame, les douaniers sont bien rusés...
BERTUCCIO.
Les douaniers ne poussent pas le dévouement jusqu'à se faire repêcher à dix lieues en mer sur une vergue... Benedetto, dis qu'on l'amène.
BENEDETTO.
Hé ! vous autres, apportez le noyé.
BERTUCCIO.
Noyé ?... Pas tout à fait, Dieu merci !
GAETANO.
N'importe, je suis d'avis qu'on lui fasse subir un interrogatoire en règle.
BERTUCCIO.
Oh ! quant à cela, je ne m'y oppose aucunement, au contraire, et, dès qu'il pourra parler, je veux y procéder moi-même... Ah ! le voici !

SCÈNE II

Les Mêmes, DANTÈS.

BERTUCCIO.
Eh bien, comment te trouves-tu, mon ami?

DANTÈS.
Mieux! ce caban et cet excellent rhum que vous m'avez fait boire m'ont rendu un peu de forces.

BERTUCCIO.
En veux-tu encore une gorgée?

DANTÈS.
Ma foi! ce n'est pas de refus.

BERTUCCIO.
La! maintenant que cela va mieux, tu nous le dis toi-même, veux-tu nous raconter comment il se fait que nous t'ayons trouvé accroché à cette vergue, à dix lieues de la côte?

DANTÈS.
C'est tout simple... J'étais matelot à bord d'un maltais venant de Syracuse et chargé de vins et de passoline... L'orage qui a eu lieu il y a trois jours nous a brisés contre les rochers de l'île de Lemaire. Tous mes compagnons ont péri. J'ai eu le bonheur de trouver un agrès flottant, je m'y suis cramponné... Le vent et la mer m'ont roulé pendant quarante-huit heures; les forces me manquaient, lorsque je vous ai aperçus... J'ai fait des signaux, vous m'avez vu, vous avez envoyé une barque à mon secours, et vous m'avez sauvé la vie... Merci compagnons; car je parle à des matelots comme moi, à ce que je présume?

JACOPO.
Oui, oui, je crois que, lorsque je vous ai empoigné par les cheveux, il était temps.

DANTÈS.
Et cependant, il m'a semblé un moment que vous hésitiez.

JACOPO.
Ma foi, oui... Avec votre barbe et vos longs cheveux, vous aviez plutôt l'air d'un brigand que d'un honnête homme.

DANTÈS.
Oui, c'est un vœu que j'ai fait à Notre-Dame del Pic-di-

Grotta, dans un moment de danger, d'être trois ans sans me couper la barbe ni les cheveux.
BERTUCCIO.
Et maintenant, mon brave, voyons, qu'allons-nous faire de toi?
DANTÈS.
Hélas! tout ce que vous voudrez... La felouque que je montais est perdue, le capitaine est noyé probablement, je suis le seul qui ait échappé à la mort... Mais, comme je suis assez bon matelot, jetez-moi dans le premier port où vous relâcherez, et je trouverai toujours de l'emploi sur un bâtiment marchand... N'allez-vous pas en Corse?
BERTUCCIO.
Cette nuit, nous serons à Bastia.
DANTÈS.
Eh bien, soit! vous me laisserez à Bastia.
BERTUCCIO.
Tu connais la Méditerranée?
DANTÈS.
J'y navigue depuis mon enfance.
BERTUCCIO.
Tu connais les bons mouillages?
DANTÈS.
Il y a peu de ports, même des plus difficiles, où je ne puisse entrer, et d'où je ne puisse sortir les yeux fermés.
JACOPO.
Eh bien, dites donc, patron, si le camarade dit vrai, qui empêche qu'il ne reste avec nous?
GAETANO.
Oui, s'il dit vrai...
BERTUCCIO.
Le fait est que, dans l'état où vous êtes, mon ami, on promet beaucoup, quitte à tenir après ce qu'on peut.
DANTÈS.
Je tiendrai toujours plus que je ne promettrai, soyez tranquille.
JACOPO.
Questionne-le donc un peu...
BERTUCCIO.
Eh bien, voyons, puisque tu connais si bien tous les gisements de la Méditerranée, où sommes-nous?

8.

DANTÈS.

Nous sommes dans l'île de Monte-Cristo.

BERTUCCIO.

Allons, pas mal.

JACOPO.

Tu connais donc l'île de Monte-Cristo?

DANTÈS.

Je l'avais eue bien souvent en vue; mais je n'y avais jamais abordé.

GAETANO.

Jamais?

DANTÈS.

Non; je ne faisais pas la contrebande.

BERTUCCIO.

Ah! ah! tu te doutes donc qui nous sommes, nous qui y abordons?

DANTÈS.

Vous êtes mes sauveurs.

BERTUCCIO.

Bien répondu, mordieu!... A la santé des braves gens de tous les états!

DANTÈS.

Je n'eusse pas deviné le vôtre, que voilà du rhum qui vous eût dénoncés.

BERTUCCIO.

Ce rhum t'a-t-il donné assez de forces pour venir avec nous?

DANTÈS.

Où cela?

BERTUCCIO.

A la chasse aux chèvres... Toutes les fois que nous venons ici, nous faisons notre provision de viande fraîche.

DANTÈS.

Merci... Je ne me sens pas la force de faire dix pas; je resterai près de ce feu.

BERTUCCIO.

Bien... Seulement, ne t'éloigne pas, car nous te prévenons d'une chose...

DANTÈS.

De laquelle? Dites!

BERTUCCIO.

C'est que, dans une heure, nous partons... Le vent est bon, et nous avons affaire cette nuit sur la côte de Corse.

DANTÈS.

Oh! soyez tranquille.

BERTUCCIO.

Désires-tu que Benedetto reste près de toi?

BENEDETTO, bas.

Merci! j'aime mieux aller à la chasse, moi.

DANTÈS.

Non, ce serait une punition pour lui, je le vois bien... C'est votre fils?

BERTUCCIO.

C'est un enfant que le ciel m'a envoyé.

DANTÈS.

Bonne chance!... A propos, quel quantième avons-nous?

BERTUCCIO.

Le 3 mars.

DANTÈS.

De quelle année?

BERTUCCIO.

Comment de quelle année?... Tu demandes de quelle année?...

DANTÈS.

Oui.

BERTUCCIO.

Tu as oublié l'année où nous sommes?

DANTÈS, souriant.

Que voulez-vous! j'ai eu si grand'peur en voyant se briser le bâtiment, que j'en ai perdu la mémoire. Nous sommes donc le 3 mars, dites-vous, de l'année?...

BERTUCCIO.

De l'année 1829.

DANTÈS.

De l'année 1829... Merci... Au revoir, mes amis.

SCÈNE III

DANTÈS, seul.

Quatorze ans! quatorze ans!... Quatorze ans de prison!... Et de quelle prison, mon Dieu!... O Fernand! ô Villefort! ô Danglars! j'ai fait un serment terrible : prenez garde, prenez garde!... Me voilà seul, me voilà au but... Le

Seigneur m'y a conduit comme par miracle; comme par miracle, il éloigne mes compagnons. Dans deux heures, ces gens-là repartiront, riches de cinquante piastres, pour aller essayer, en risquant leur vie, d'en gagner cinquante autres; puis ils reviendront, riches du double, dilapider le trésor dans une ville quelconque, avec la fierté des sultans et la confiance des nababs; aujourd'hui, l'espérance fait que je méprise leur richesse, qui me paraît la profonde misère... Demain, la déception fera peut-être que je serai forcé de regarder cette misère comme le suprême bonheur... Oh! non, non, cela ne sera pas... Le savant, l'infaillible Faria ne se sera point trompé sur une seule chose... Je suis dans l'île de Monte-Cristo, et l'île de Monte-Cristo renferme un trésor... Voyons : d'abord, rappelons-nous les termes de ce testament que l'eau a dévoré. Je ne l'ai lu qu'une fois... Mon Dieu! mon Dieu! si j'allais l'avoir oublié!... Non, non, m'y voilà... « Mon légataire universel... que j'ai enfoui, dans un endroit qu'il connaît pour l'avoir visité avec moi, c'est-à-dire dans les grottes de l'île de Monte-Cristo... tout ce que je possédais de lingots, d'or monnayé, pierreries, diamants, bijoux ; que seul je connais l'existence de ce trésor, qui peut monter à cinq millions d'écus romains, et qu'il trouvera ayant levé la ... » Mon Dieu!... ah! oui... « La vingtième roche, à partir de la petite crique de l'est en droite ligne... » C'est cela, c'est cela... je n'ai rien oublié... La petite crique de l'est, la voici... Les roches... Tandis qu'ils me croient mourant et qu'ils me laissent seuls... (Coup de feu.) Oh! ils sont déjà loin; cherchons... Les roches... Oh! oh! cette entaille serait-elle un indice?... Sur celle-ci encore, une entaille pareille... La même sur celle-ci... (Comptant.) Une, deux, trois, sept, huit, neuf, dix, onze... A la douzième, les entailles disparaissent... C'est celle-ci!... Sous ce rocher sont les grottes... Mais comment a-t-on pu hisser jusqu'ici un pareil rocher?... Impossible!... Ah! je comprends : au lieu de le monter, on l'a fait descendre... Le trésor est là... Oui, mais comment lever ce rocher à moi seul?... Ce rocher ne doit pas se lever, il doit tourner sur sa base... Ce rocher doit obéir à la main d'un homme seul, car on ne confie pas à d'autres hommes un pareil secret! Voyons, ces pierres ont été ajoutées, la mousse a poussé dessus, mais ces pierres ne font point partie du roc... Oh! une pioche, une pince... Peut-être ce petit arbre suffira-t-il... (Il coupe l'arbre et déblaye le bas du rocher.)

Oh! je le savais bien, que toutes ces pierres n'étaient point adhérentes... Maintenant, il doit y avoir à cette roche quelque trou profond pour y introduire le levier... Voici! voici!... Donc, en pesant de cette façon, la pierre doit tourner... Elle tourne! elle tourne!... Ah!... (Regardant.) Un escalier... (Pause.) Si j'avais une lumière, une torche... (Il descend en scène.) Ce sapin enflammé m'en servira... Voyons, soyons homme! accoutumé à l'adversité, ne nous laissons point abattre par une déception... ou, sans cela, serait-ce donc pour rien que j'aurais souffert?... Le cœur se brise lorsque, après avoir été dilaté par l'espérance, il rentre et se renferme dans la froide réalité... Allons, allons, Faria a fait un rêve; le cardinal Spada n'a rien enfoui dans cette grotte... ou, s'il y a enfoui quelque trésor, César Borgia, l'intrépide aventurier, l'infatigable et sombre larron, y est venu après lui, a découvert sa trace, a suivi les mêmes brisées que moi... comme moi a soulevé cette pierre, et, descendu avant moi, ne m'a rien laissé à prendre après lui... Oui, ceci est une aventure à trouver sa place dans la vie mêlée d'ombre et de lumière de ce royal bandit; oui, Borgia est venu quelque nuit ici, un flambeau d'une main, une épée de l'autre... A vingt pas de lui, au pied de cette roche, peut-être, se tenaient, sombres et menaçants, deux sbires, interrogeant l'air, la terre et la mer, tandis que leur maître entrait, comme je vais le faire, secouant les ténèbres de son bras redoutable et flamboyant... (Pause.) Or, maintenant que je ne compte plus sur rien, maintenant que je me suis dit qu'il serait insensé de conserver quelque espoir, la suite de cette aventure est pour moi une chose de curiosité, voilà tout... Cependant, si Borgia... s'il y était venu, il y fût venu pour prendre le trésor, et il connaissait trop bien l'emploi du temps pour avoir perdu le sien à replacer ce rocher sur sa base... Ah! j'entends mes compagnons qui reviennent... A la garde de Dieu!... Descendons!...

(A l'aide d'un anneau de fer scellé dans la pierre, il la soulève, descend, la replace au-dessus de sa tête et disparaît.)

SCÈNE IV

BERTUCCIO, BENEDETTO, JACOPO, GAETANO, Contrebandiers.

BERTUCCIO.

Allons, hé! Jacopo!... Gaetano!... voilà la nuit qui vient, il est temps de partir... Hé! nous autres de la barque, appareillons!... Où est le Maltais?... Il se sera traîné jusqu'à la barque, probablement.

BENEDETTO.

Père Bertuccio, que dis-tu de cela?...

(Il montre une chèvre morte sur ses épaules.)

BERTUCCIO.

Qui l'a tuée?

BENEDETTO.

Moi.

BERTUCCIO.

Et avec quoi?

BENEDETTO.

Avec le fusil du cousin Jacopo.

JACOPO.

Menteur!... Allons, allons, Gaetano!

GAETANO.

Demonio! je ne sais plus comment descendre.

JACOPO.

Laisse-toi glisser... La!

GAETANO.

Où est le Maltais?

JACOPO.

Je ne sais pas.

BERTUCCIO.

Dans la barque, sans doute.

UN MATELOT.

Nous sommes parés.

BERTUCCIO.

Bien! mais il faut retrouver le pauvre diable, nous ne pouvons pas l'abandonner ici.

GAETANO.

Bah! un espion peut-être; le grand malheur!

BERTUCCIO.

Un espion peut-être... peut-être aussi un honnête homme. (Au Matelot de la barque.) Le Maltais est-il avec vous ?

LE MATELOT.

Quel Maltais ?

BERTUCCIO.

L'homme que nous avons sauvé, et qui se noyait.

LE MATELOT.

Nous ne l'avons pas vu.

GAETANO.

Allons, allons ! il est l'heure.

BERTUCCIO.

Mais nous allons donc abandonner ce malheureux ?

GAETANO.

Tant pis pour lui !... D'ailleurs, nous revenons dans deux ou trois jours.

BERTUCCIO.

Laissons-lui un ou deux biscuits, un fusil et de la poudre... Il fera des signaux au premier bâtiment qui passera, et on l'enverra prendre.

JACOPO.

Cependant on pourrait encore attendre, ce me semble.

GAETANO.

Allons, allons, le biscuit, le fusil, la poudre... et partons !

JACOPO, tirant quatre piastres de sa poche.

Partageons avec lui, Dieu me le rendra.

(Il met deux piastres sur le biscuit.)

BENEDETTO, à part.

Ah ! cousin Jocopo, si je te les demandais, tu ne me les donnerais pas.

BERTUCCIO.

Allons, puisqu'il ne vient pas... Hé ! le Maltais !

TOUS.

Le Maltais !

BENEDETTO, mettant les deux piastres dans sa poche.

Hé ! le Maltais !

BERTUCCIO.

Courage, enfants !... Vers huit heures, la brise se levera... En attendant, nageons vivement !...

BENEDETTO.

Et moi ! et moi !...

LES MATELOTS, chantant.

Le moment arrive
De quitter la rive :
La barque dérive
Et fuit loin du bord;
Mais la voile grise,
Qui cherche la brise,
Retombe indécise;
La brise s'endort...
Ah! ah!...

BENEDETTO.

Hé! le Maltais!

(Bertuccio tire un coup de fusil.)

LES MATELOTS.

Le ciel est aride,
Aucun vent ne ride
La face limpide
De l'immense lac,
Et le capitaine
Que la rame traîne,
Respirant à peine,
Dort dans son hamac.
Ah! ah!...

(A la fin du second couplet, la barque des Contrebandiers disparaît; on entend encore crier : « Le Maltais! » puis un autre coup de fusil dans le lointain; puis plus rien. — Alors, la pierre tourne de nouveau, l'orifice de la grotte s'éclaire. Dantès paraît, le flambeau à la main, le visage exalté.)

DANTÈS.

Faria avait dit vrai! A moi le trésor des Spada! à moi le monde!...

ACTE DEUXIÈME

DEUXIÈME TABLEAU

L'auberge du *Pont-du-Gard*.

—

SCÈNE PREMIÈRE

CADEROUSSE, LA CARCONTE, BERTUCCIO.

CADEROUSSE.

Tais-toi, femme ! je te dis que c'est la volonté de Dieu que cela soit ainsi.

LA CARCONTE.

Et moi, je te dis que je ne veux pas me taire, je te dis que je veux me plaindre... C'est le seul soulagement qui me reste ne me l'ôte pas.

BERTUCCIO.

Vous avez raison, ma bonne femme ; plaignez vous !

LA CARCONTE.

Faire tout ce que l'on peut pour gagner honnêtement et bravement sa vie, et puis sentir qu'on est perdu sans ressources, qu'il n'y a plus moyen de lutter ; et tout cela parce qu'il a plu à un méchant ingénieur de tracer un canal par lequel toutes les marchandises vont se dégorger dans la mer, au lieu de laisser cette belle et bonne route faire tranquillement son état... Autrefois, on ne pouvait pas suffire au monde ; aujourd'hui, c'est à peine si on vend une bouteille de vin de six sous par jour... Vivez donc à deux là-dessus, et un chien par-dessus le marché... Je disais toujours à Gaspard : « Il faut le tuer, ton chien ; » il n'a jamais voulu.

BERTUCCIO.

Et pourquoi le tuer ?... Pauvre bête, s'il vous ennuie, donnez-le-moi.

CADEROUSSE.

Je veux le garder, moi... Je l'aime, Margotin.

LA CARCONTE.

Un chien qui mange autant qu'une personne, c'était bon

quand nous étions riches... Et à quoi sert-il ?... Si on le vendait au moins avec nos meubles, nous en serions débarrassés.

BERTUCCIO.

Et quand les vend-on, vos meubles ?

LA CARCONTE.

Dimanche ! c'est-à-dire dans trois jours...

CADEROUSSE.

C'est bon ; quand ils seront vendus, on n'aura plus d'embarras ; nous serons, comme l'ami Bertuccio, logés à la belle étoile... Est-ce qu'il a une maison, lui ?... Non, il est contrebandier, et il n'en fait pas de plus mauvaises affaires... Si tu avais sa bourse, tu ne serais pas embarrassée pour dimanche...

BERTUCCIO.

Eh bien, voilà justement ce qui vous trompe, père Caderousse, et la preuve... (Il tire sa bourse.) Deux pièces de cinq francs, voilà le reste... Il est vrai que, si le coup de ce soir réussit...

CADEROUSSE.

Il réussira ; vous avez du bonheur, vous !

BERTUCCIO.

Eh bien, Caderousse, s'il réussit...

CADEROUSSE.

S'il réussit ?

BERTUCCIO.

Écoute bien ce que je vais te dire.

CADEROUSSE.

Oh ! j'écoute ; je n'ai que cela à faire.

BERTUCCIO.

Pour combien vous poursuit-on ?

LA CARCONTE.

Pour cent écus.

BERTUCCIO.

Eh bien, écoute... Si le coup de ce soir réussit, aussi vrai que voilà un verre de vin de Cahors, on ne vendra pas vos meubles dimanche.

CADEROUSSE.

Merci, Bertuccio, tu es un brave homme !... Mais, vois-tu, nous y aurons échappé cette fois-ci encore, et, après, ce sera à recommencer.

BERTUCCIO.

Bah! bah! il y a un Dieu pour les braves gens.

(Caderousse hausse les épaules.)

LA CARCONTE.

Merci toujours, monsieur Bertuccio... La promesse est faite, n'est-ce pas?

BERTUCCIO.

J'ai juré... D'ailleurs, il n'y avait pas besoin de cela... Mais je puis toujours compter sur ma cachette?

CADEROUSSE.

Elle est là, ta cachette, sous l'escalier... Tu entres dans le jardin, tu refermes la porte, tu te glisses dans le bûcher et tu te tapis là sous l'escalier... As-tu besoin de t'en aller par la grande route, tu passes par ici, personne ne t'a vu, bonsoir... Et, tandis que l'on te cherche au bord du canal, tu gagnes le pays.

LA CARCONTE.

Et c'est bien fait! qu'ont-ils à se mêler de notre commerce, ces gueux de douaniers?... Ce sont eux qui nous ruinent, avec leurs impôts!

BERTUCCIO.

Alors, donnez-moi la clef du jardin... Lequel de vous deux a la clef du jardin?...

CADEROUSSE, tendant la clef.

Moi; la voilà.

LA CARCONTE.

Tu ne peux pas la lui apporter, fainéant!...

CADEROUSSE.

Tiens! qu'il la vienne prendre... Je me chauffe, moi.

LA CARCONTE.

Tu te chauffes, et, moi, je grelotte.

BERTUCCIO, regardant à la porte.

Eh! eh! qui nous arrive donc à cheval?

CADEROUSSE.

Parbleu! tu le vois bien, une espèce de pasteur.

BERTUCCIO.

Viendrait-il ici?

CADEROUSSE.

Pour quoi faire?

BERTUCCIO.

Pour se rafraîchir. Dis donc !

CADEROUSSE.

Quoi ?

BERTUCCIO.

Je trouve qu'il monte trop bien à cheval pour un homme pieux.

CADEROUSSE.

Eh bien, après ?

BERTUCCIO.

Si c'était quelque gendarme déguisé ?

CADEROUSSE.

Ça serait drôle !

BERTUCCIO.

N'importe, j'utilise la clef.

CADEROUSSE.

A ton aise.

BERTUCCIO.

C'est dit : cette nuit, nous débarquons la marchandise ; demain matin, nous vendons, et, si cela se passe sans malheur, demain soir... Adieu, la mère. (Il lui tend la main.) Demain soir, vous avez vos cent écus.

LA CARCONTE.

Que le bon Dieu vous entende !

(Bertuccio sort.)

CADEROUSSE.

Oui, ça sera une belle avance !... Mais Bertuccio avait raison, tron de l'air ! on dirait qu'il vient ici... Il regarde l'enseigne... Il s'arrête... Est-ce l'auberge du *Pont-du-Gard* que vous cherchez, monsieur ?

SCÈNE II

Les Mêmes, BUSONI, en manteau, en habit à larges pans, guêtres de cheval.

BUSONI, en dehors.

Oui, mon ami.

CADEROUSSE.

Alors, vous l'avez trouvée... C'est ici.

BUSONI.

C'est bien !...

(Il descend de cheval.)

CADEROUSSE.

Faut-il conduire votre cheval à l'écurie?

BUSONI.

Non ; attachez-le au volet, ça suffira.

CADEROUSSE.

Monsieur, que désirez-vous? que demandez-vous? Me voilà à vos ordres.

BUSONI.

N'êtes-vous point M. Caderousse?

CADEROUSSE.

Gaspard Caderousse, pour vous servir, monsieur !

BUSONI.

Vous demeuriez autrefois à Marseille, n'est-ce pas?

CADEROUSSE.

Oui.

BUSONI.

Allées de Meilhan?

CADEROUSSE.

Oui.

BUSONI.

Au quatrième?

CADEROUSSE.

Oui.

BUSONI.

Et vous y exerciez l'état de tailleur?

CADEROUSSE.

C'est cela; mais l'état a mal tourné; il y fait si chaud à ce coquin de Marseille, que je crois qu'on finira par ne plus s'y habiller du tout... A propos de chaleur, ne voulez-vous pas vous rafraîchir, monsieur?

BUSONI.

Si fait, donnez-moi une bouteille de votre meilleur vin, et nous reprendrons la conversation où nous la laissons.

CADEROUSSE.

Oh! il n'y a pas besoin de l'interrompre, si vous êtes pressé... Allez! allez!...

BUSONI, à part.

Ce que l'on m'avait dit est vrai, la maison est pauvre.

CADEROUSSE.

Ah! oui, vous regardez autour de vous... (Il continue de parler tout en descendant à la cave.) Et vous trouvez que l'ameublement n'est pas riche... C'est vrai; mais, que voulez-vous! il ne suffit pas d'être honnête homme pour prospérer dans ce monde... (S'approchant avec sa bouteille.) Oui, oui, d'être honnête homme... de cela, je puis m'en vanter, et tout le monde n'en peut pas dire autant.

BUSONI.

Tant mieux si ce que vous me dites là est vrai, monsieur Caderousse; car, tôt ou tard, j'en ai la conviction, l'honnête homme est récompensé, et le méchant puni.

CADEROUSSE.

C'est peut-être votre état de dire cela... Et puis, après, on est libre de ne pas croire ce que vous dites.

BUSONI.

Vous avez tort de parler ainsi, mon ami; car peut-être vais-je tout à l'heure vous donner la preuve de ce que j'avance.

CADEROUSSE.

Que voulez-vous dire?

BUSONI.

Vous dites que vous êtes bien Gaspard Caderousse, et que c'est bien vous qui, en 1814, exerciez l'état de tailleur aux allées de Meilhan, à Marseille?

CADEROUSSE.

C'est bien moi! et s'il vous faut des preuves...

BUSONI.

Votre parole me suffit. Avez-vous connu, en 1814 ou 1815, un marin qui s'appelait Dantès?

CADEROUSSE.

Dantès... Edmond Dantès, n'est-ce pas?

BUSONI.

En effet, je crois qu'il s'appelait Edmond.

CADEROUSSE.

S'il s'appelait Edmond!... je le crois bien, le petit! c'était un de mes meilleurs amis. Qu'est-il devenu, ce pauvre Edmond?... Monsieur, l'avez-vous connu? vit-il encore? est-il libre? est-il heureux?

BUSONI.

Il est mort!

CADEROUSSE.

Mort !

BUSONI.

Mort prisonnier ! mort plus malheureux et plus désespéré que les forçats qui traînent le boulet au bagne de Toulon !

CADEROUSSE.

Pauvre petit ! Eh bien, voilà encore une preuve de ce que je vous disais, monsieur... Ah ! le monde va de mal en pis, monsieur !... Qu'il tombe donc du ciel deux jours de poudre et cinq minutes de feu, et que tout soit dit !

BUSONI.

Vous paraissez aimer ce garçon de tout votre cœur, monsieur ?

CADEROUSSE.

Oui, je l'aimais bien... quoique j'aie à me reprocher d'avoir un instant envié son bonheur... Et de quoi est-il mort ?

BUSONI.

Et de quoi meurt-on en prison, lorsqu'on y entre à vingt ans et qu'on y meurt à trente, si ce n'est de la prison elle-même ?... Mais écoutez bien ceci : ce qu'il y a d'étrange, c'est que Dantès, à son lit de mort, m'a toujours juré, juré sur le Christ, qu'il ignorait la cause de sa captivité.

CADEROUSSE.

C'est vrai, c'est vrai, monsieur : il ne pouvait pas la savoir.

BUSONI.

C'est ce qui fait qu'il m'a chargé d'éclaircir son malheur, qu'il n'avait jamais pu éclaircir lui-même, et de réhabiliter sa mémoire, si sa mémoire avait reçu quelque souillure.

CADEROUSSE.

Il vous a chargé de cela ?

BUSONI.

Oui ; un riche Anglais, son compagnon d'infortune, qui sortit de prison à la seconde restauration, était possesseur d'un diamant d'une grande valeur ; en sortant de prison, il voulut laisser à Dantès, qui l'avait soigné comme un frère dans une maladie qu'il avait faite, un témoignage de sa reconnaissance, en lui donnant ce diamant. Dantès, au lieu de s'en servir pour séduire ses geôliers, le conserva toujours précieusement pour le cas où il sortirait de prison ; car sa fortune était assurée par la vente seule du diamant.

CADEROUSSE.

C'était donc, comme vous le dites, un diamant d'une grande valeur?

BUSONI.

D'une grande valeur pour Edmond : le diamant était évalué cinquante mille francs.

CADEROUSSE.

Cinquante mille francs! Il est donc gros comme une noix?

BUSONI.

Non, pas tout à fait. Vous allez en juger, d'ailleurs.

(Il tire le diamant de sa poche et le montre à Caderousse.)

CADEROUSSE.

Et cela vaut cinquante mille francs?

BUSONI.

Sans la monture, qui est elle-même d'un certain prix.

(Il remet le diamant dans sa poche.)

CADEROUSSE.

Mais comment vous trouvez-vous possesseur de ce diamant? Dantès vous a donc fait son héritier?

BUSONI.

Non; mais il m'a fait son exécuteur testamentaire. « J'avais trois bons amis et une fiancée, m'a dit Dantès; tous quatre, j'en suis sûr, me regrettent sincèrement. Un de ces bons amis s'appelait Caderousse, l'autre s'appelait Danglars, le troisième s'appelait Fernand. Quant à ma fiancée,... »

CADEROUSSE.

Eh bien?

BUSONI.

Je ne me rappelle plus le nom de la fiancée d'Edmond.

CADEROUSSE.

Je me le rappelle, moi : elle s'appelait Mercédès.

BUSONI.

Ah! oui, c'est cela... Donnez-moi un verre d'eau, mon ami... (Il boit quelques gorgées et pose son verre sur la table.) Où en étions-nous?

CADEROUSSE.

La fiancée s'appelait Mercédès.

BUSONI.

C'est cela... « Vous irez à Marseille... » C'est toujours Dantès qui parle, comprenez-vous?

CADEROUSSE.

Parfaitement.

BUSONI.

« Vous ferez cinq parts du prix de ce diamant, et vous les partagerez entre ces bons amis, les seuls êtres qui m'aient aimé sur la terre. »

CADEROUSSE.

Comment, cinq parts?... Vous ne m'avez nommé que quatre personnes.

BUSONI.

Parce que la cinquième est morte, à ce qu'on m'a dit... La cinquième était le père de Dantès.

CADEROUSSE.

Hélas! oui, le pauvre cher homme est mort...

BUSONI.

J'ai appris cet événement à Marseille... Mais il était arrivé depuis si longtemps, que l'on n'a pu me donner aucun détail sur cette mort... Savez-vous quelque chose de la fin de ce vieillard, vous, monsieur?

LA CARCONTE.

Caderousse, Caderousse, prends garde à ce que tu vas dire!...

(Busoni se retourne et aperçoit la Carconte.)

CADEROUSSE.

De quoi te mêles-tu, femme?... Monsieur vient chez nous et me demande des renseignements; la politesse veut que je les lui donne.

LA CARCONTE.

Oui; mais la prudence veut que tu les refuses. Qui te dit dans quelle intention on veut te faire parler, bavard?

BUSONI.

Dans une excellente, madame, je vous assure... Votre mari n'a donc rien à craindre, surtout s'il répond franchement.

LA CARCONTE.

Rien à craindre?... Oui, c'est cela, on commence par de belles promesses; puis on se contente, après, de dire qu'on n'a rien à craindre; puis l'on s'en va sans rien tenir de ce que l'on a promis, et, un beau matin, le malheur tombe sur le pauvre monde, sans que l'on sache d'où il vient...

BUSONI.

Soyez tranquille, bonne femme, le malheur ne vous viendra pas de mon côté, je vous en réponds...

CADEROUSSE.

Ne faites pas attention à elle; elle ne trouve rien de bien parce qu'elle est malade... Elle a les fièvres, vous comprenez... et ça la mine, pauvre créature!...

BUSONI, la regardant avec pitié.

Oui, je comprends...

CADEROUSSE.

Que voulez-vous savoir? Dites!

BUSONI.

Je veux savoir d'abord comment ce pauvre vieillard est mort.

CADEROUSSE.

Oh! l'histoire est bien triste, monsieur...

BUSONI.

Oui... Edmond m'a raconté les choses jusqu'au moment où il a été arrêté, dans un petit cabaret des environs de Marseille, au milieu du repas de ses fiançailles.

CADEROUSSE.

C'est cela... Et le repas, qui avait eu un gai commencement, eut une triste fin... Un commissaire de police, suivi de quatre fusiliers, entra, et Dantès fut arrêté...

BUSONI.

Après?...

CADEROUSSE.

Tandis que M. Morel courait prendre des informations, le vieillard retourna seul à la maison, ploya son habit de noces en pleurant, passa toute la journée à aller et venir dans sa chambre, et, le soir, il ne se coucha point; car, moi qui demeurais au-dessous de lui, je l'entendis marcher toute la nuit... Et, je dois le dire, chacun de ses pas me broyait le cœur comme s'il eût réellement mis le pied sur ma poitrine...

BUSONI.

Après?...

CADEROUSSE.

Le lendemain, Mercédès vint à Marseille pour implorer la

protection de M. de Villefort. Elle n'obtint rien... Mais, du même coup, elle alla rendre visite au vieillard. Quand elle le vit si abattu, quand elle sut qu'il ne s'était pas couché, qu'il n'avait rien pris depuis la veille, elle voulut l'emmener avec elle; mais le vieillard n'y voulut pas consentir. « Non, non, disait-il, je ne quitterai jamais cette maison; car, comme c'est moi que mon pauvre enfant aime avant toute chose, s'il sort de prison, c'est moi qu'il accourra voir tout d'abord. »

BUSONI.

Après?...

CADEROUSSE.

J'écoutais tout cela du palier, car j'aurais voulu que Mercédès déterminât le vieillard à la suivre... Ce pas qui retentissait nuit et jour sur ma tête ne me laissait pas un instant de repos...

BUSONI.

Mais vous ne montiez pas près du vieillard?...

CADEROUSSE.

Pour quoi faire?

BUSONI.

Pour le consoler.

CADEROUSSE.

Eh! monsieur, on ne console que ceux qui veulent être consolés, et lui ne voulait pas l'être... Une nuit cependant que j'écoutais ses sanglots, je n'y pus pas résister, je montai; mais, quand j'arrivai près de la porte, il ne sanglotait plus, il priait... Ce qu'il trouvait d'éloquentes paroles et de pitoyables supplications, je ne saurais vous le redire, monsieur... C'était plus que de la pitié, c'était plus que de la douleur...

BUSONI.

Pauvre père!...

CADEROUSSE.

Aussi, je me dis, ce jour-là : « C'est bien heureux que je sois seul et que le ciel ne m'ait pas envoyé d'enfants; car, si j'étais père et qu'on m'eût enlevé mon fils, ne pouvant trouver dans mon cœur ni dans ma mémoire tout ce qu'il dit au bon Dieu, j'irais tout droit me précipiter dans la mer pour ne pas souffrir plus longtemps.

BUSONI.

Enfin?

CADEROUSSE.

De jour en jour, il vivait plus seul et plus isolé. Souvent M. Morel et Mercédès venaient le voir; mais, quoique je fusse bien certain qu'il était chez lui, sa porte n'en restait pas moins fermée. Aussi le vieux Dantès finit par demeurer seul tout à fait... Je ne voyais plus monter de temps en temps chez lui que des gens inconnus, qui en descendaient presque aussitôt avec quelque paquet mal dissimulé... Pauvre bonhomme, peu à peu il vendait, pour vivre, tout ce qu'il avait!

BUSONI.

Mon Dieu!

CADEROUSSE

Enfin il arriva au bout de ses pauvres hardes... Il devait trois termes, on menaça de le renvoyer... Il demanda huit jours encore : le propriétaire les lui accorda. Pendant les trois premiers jours, je l'entendis marcher comme d'habitude; mais, le quatrième, je n'entendis plus rien... Alors, je montai et regardai par le trou de la serrure... Il était si pâle et si défait, que je courus prévenir Mercédès et M. Morel... Tous deux accoururent. M. Morel amenait un médecin qui reconnut une maladie d'estomac, et ordonna la diète... J'étais là, monsieur, et je n'oublierai jamais le sourire du vieillard à cette ordonnance... Dès lors, il ouvrit sa porte, il avait une excuse pour ne plus manger : le médecin avait ordonné la diète...

BUSONI.

Continuez, continuez...

CADEROUSSE.

Mercédès le trouva si changé, que, comme la première fois, elle voulut le faire transporter chez elle... C'était aussi l'avis de M. Morel, qui voulait le faire transporter de force; mais le vieillard cria tant, qu'ils eurent peur... Mercédès resta au chevet de son lit, et M. Morel s'éloigna en faisant signe qu'il laissait une bourse sur la cheminée... Mais, armé de l'ordonnance du médecin, le vieillard ne voulut rien prendre, de sorte qu'après neuf jours de désespoir et d'abstinence, le vieillard expira en maudissant ceux qui avaient causé son malheur, et en disant à Mercédès : « Si vous revoyez mon Edmond, dites-lui que je meurs en le bénissant!... »

BUSONI, se levant et faisant un tour dans la chambre, puis revenant près de Caderousse.

Et... vous croyez qu'il est mort de faim ?...

CADEROUSSE.

De faim ! oui, monsieur, je dis qu'il est mort de faim.

BUSONI, s'écriant.

De faim ! de faim !... Mais les plus vils animaux ne meurent pas de faim ! Les chiens qui errent dans les rues trouvent une main compatissante qui leur jette un morceau de pain, et un homme, un chrétien, est mort au milieu d'autres hommes qui se disaient chrétiens comme lui !... Impossible ! oh ! c'est impossible !...

CADEROUSSE.

J'ai dit ce que j'ai dit.

LA CARCONTE.

Et tu as eu tort.

BUSONI.

Oh ! avouez que voilà un grand malheur !

CADEROUSSE.

D'autant plus grand que Dieu n'y est pour rien et que les hommes seuls en sont cause.

BUSONI.

Ainsi, vous dites que c'est Fernand ?... ainsi, vous dites que c'est Danglars ?...

CADEROUSSE, effrayé.

Je n'ai encore rien dit !

BUSONI.

Qui ont fait mourir le fils de désespoir, et le père de faim ?...

LA CARCONTE.

Tu vois ! tu vois !...

CADEROUSSE.

Monsieur, si vous ne me dites pas dans quel but vous venez, je ne vous dirai plus rien.

BUSONI.

Inutile, inutile... Maintenant, je sais tout.

CADEROUSSE.

Vous savez tout ?...

BUSONI.

Oui ! N'est-ce pas, il y a eu une dénonciation écrite par

Danglars, jetée à la poste par Fernand?... Ne dites pas que cela n'est pas vrai, vous étiez là.

CADEROUSSE.

Hélas! hélas! oui, j'y étais!...

LA CARCONTE.

Je te l'avais bien dit, malheureux!

BUSONI.

Vous y étiez, et vous ne vous êtes pas opposé à cette infamie?... O Faria! Faria! que tu connaissais bien les hommes et les choses!... Mais, alors, vous êtes leur complice!

LA CARCONTE.

Entends-tu? entends-tu?...

CADEROUSSE.

Monsieur, ils m'avaient fait boire au point que j'en avais perdu la raison... Je dis tout ce que l'on peut dire dans cet état... Alors, ils me répondirent que c'était une plaisanterie qu'ils avaient voulu faire, et que cette plaisanterie n'aurait pas de suites.

BUSONI.

Je comprends... vous laissâtes faire, voilà tout.

CADEROUSSE.

Oui... et c'est mon remords de la nuit et du jour.

BUSONI.

Bien, monsieur... S'accuser ainsi, c'est mériter son pardon.

CADEROUSSE.

Malheureusement, Edmond est mort et ne m'a pas pardonné, lui!...

BUSONI, se levant, faisant deux ou trois pas, et revenant s'asseoir à sa place.

Vous m'avez nommé deux ou trois fois un certain Morel... Quel était cet homme?

CADEROUSSE.

C'était l'armateur du *Pharaon*; le patron de Dantès.

BUSONI.

Et je crois comprendre, d'après ce que vous me dites, le rôle qu'il a joué dans toute cette triste affaire...

CADEROUSSE.

Le rôle d'un homme honnête et courageux. Vingt fois il intercéda pour Edmond. Quand l'empereur rentra, il écrivit, pria, menaça, si bien qu'à la deuxième restauration, il fut fort persécuté comme bonapartiste. Souvent il était venu chez le père d'Edmond, pour lui offrir de le retirer chez lui, et, la veille de sa mort; je vous l'ai dit, il laissa sur la cheminée une bourse avec laquelle on paya les dettes du bonhomme et l'on subvint aux frais de son enterrement; en sorte que le pauvre vieillard put au moins mourir comme il avait vécu, sans faire de tort à personne... C'est encore moi qui ai la bourse... une grande bourse en filet rouge.

BUSONI.

Et ce Morel, vit-il encore ?

CADEROUSSE.

Oui, monsieur.

BUSONI.

En ce cas, ce doit être un homme riche, heureux, béni du Seigneur ?

CADEROUSSE.

Oui, heureux... comme moi.

BUSONI.

M. Morel serait malheureux ?

CADEROUSSE.

Il touche à la misère, monsieur ! il touche au déshonneur !

BUSONI.

Impossible !...

CADEROUSSE.

C'est bien cela, cependant... Après vingt-cinq ans de travail, après avoir acquis la plus honorable place dans le commerce de Marseille, M. Morel est ruiné de fond en comble. Il a perdu cinq vaisseaux en deux ans; il a essuyé des banqueroutes effroyables; il n'a plus d'espérance que dans ce même *Pharaon* que commandait ce pauvre Dantès, et qui doit revenir des Indes avec un chargement de cochenille et d'indigo. Si ce navire-là lui manque comme les autres, il est perdu !

BUSONI.

Il a une femme et des enfants, je crois ?

CADEROUSSE.

Oui; il a une femme qui est le modèle des femmes; une fille, une sainte ! un fils, lieutenant dans l'armée à vingt ans. Mais tout cela double son désespoir, au lieu de le calmer; s'il était seul, il se brûlerait la cervelle... et tout serait dit.

BUSONI.

C'est affreux !...

CADEROUSSE.

Et voilà comme Dieu récompense la vertu !... Tenez, moi qui n'ai jamais fait une mauvaise action, à part celle que je vous ai racontée, moi, je suis dans la misère, tandis que Fernand et Danglars roulent sur l'or... Car vous saurez..

BUSONI.

Je le sais : l'un est comte, l'autre est banquier ; mais, si haut qu'ils soient placés, croyez-moi, la justice de Dieu saura les atteindre... Maintenant, je n'ai plus à vous demander de nouvelles que d'une seule personne... On m'a dit, quand je me suis informé à Marseille, on m'a dit que Mercédès avait disparu....

CADEROUSSE.

Oui, disparu comme disparaît le soleil... pour reparaître plus brillant.

BUSONI.

Mercédès a-t-elle donc fait fortune aussi?

CADEROUSSE.

Elle a épousé Fernand, et s'appelle la comtesse de Morcerf !

BUSONI.

Et combien de temps après la disparition d'Edmond Mercédès a-t-elle épousé Fernand?

CADEROUSSE.

Dix-huit mois.

BUSONI.

Dix-huit mois !... dix-huit mois de fidélité ! Au fait, que peut demander de plus l'amant le plus adoré?... Et elle a épousé Fernand, où cela?

CADEROUSSE.

A l'église des Accoules.

BUSONI, se levant.

C'était la même église où elle devait épouser Edmond ; il n'y avait que le fiancé de changé... Maintenant, encore un mot, le dernier... Et M. de Villefort?

CADEROUSSE.

Je ne le connaissais pas, lui ; je sais seulement qu'il est mort.

BUSONI.

Oh! malheur!

CADEROUSSE.

Oui, le malheur, il est grand ; c'était un bien digne homme !

BUSONI.

Et comment est-il mort ?

CADEROUSSE.

Il avait fait exécuter un pauvre Corse qui avait fait une peau, et le frère de ce Corse...

BUSONI.

Eh bien ?

CADEROUSSE.

Eh bien, il l'a tué sans duel...

BUSONI, à part.

Ah ! celui-là m'échappera donc ! Je ne vous accuse pas, mon Dieu ! mais la mort, c'est bien peu pour le crime qu'il avait commis... (A Caderousse.) Et vous connaissez l'assassin ?

CADEROUSSE.

C'était un de mes amis.

BUSONI.

Il se nomme ?...

CADEROUSSE.

Oh ! vous voulez que je vous dise comment il se nomme ?

BUSONI.

Oui, je le veux.

CADEROUSSE.

Il se nomme Bertuccio.

LA CARCONTE.

Dénonceras-tu donc tout le monde, aujourd'hui ?...

BUSONI.

Bertuccio ! N'est-ce pas un patron qui fait la contrebande entre Livourne et Marseille ?

CADEROUSSE.

Oui, et entre Marseille et Nîmes.

LA CARCONTE.

Quand on dit qu'il ne pourra pas se taire !...

CADEROUSSE.

Au reste, ça ne lui a pas porté malheur, il a gagné de l'argent dans son état... Il n'y a que moi qui me ruine, il n'y a que moi qui sois pauvre, misérable et oublié de Dieu !

BUSONI, tirant le diamant de sa poche.

Vous vous trompez, mon ami... Dieu paraît oublier parfois,

quand sa justice se repose ; mais il arrive toujours un moment où il se souvient, et en voici la preuve. (Il donne le diamant à Caderousse.) Prenez ce diamant, il est à vous.

CADEROUSSE.

A moi seul ?... Oh ! monsieur, ne vous jouez pas de moi !..

BUSONI.

Je sais ce que c'est que le bonheur et le désespoir... Je ne me jouerai jamais du bonheur ou du désespoir d'un homme ! Prenez donc... Mais, en échange...

CADEROUSSE.

Ah ! vous demandez quelque chose ?...

BUSONI.

Oui ; je demande cette bourse de soie rouge que M. Morel a laissée sur la cheminée du vieux Dantès.

LA CARCONTE, se rapprochant, tandis que Caderousse va à l'armoire.

Et le diamant est pour nous ?

BUSONI.

Oui, pour vous.

CADEROUSSE.

Voilà la bourse.

BUSONI.

Voilà le diamant.

CADEROUSSE.

Oh ! vous êtes véritablement un brave homme, monsieur ! car, en vérité, personne ne savait qu'Edmond vous eût donné ce diamant, et vous auriez pu le garder.

BUSONI.

Ah çà ! tout ce que tu m'as dit est vrai, et j'y puis croire en tout point ?

CADEROUSSE.

Tenez, monsieur, voici, dans ce coin, un christ de bois bénit ; voici sur ce bahut le livre d'Évangiles de ma femme... Ouvrez ce livre, et la main étendue vers le Christ, je vais vous jurer sur l'Évangile, sur le salut de mon âme, sur ma foi de chrétien, que je vous ai raconté toutes choses comme elles s'étaient passées... et comme l'ange des hommes les dira à l'oreille de Dieu, le jour du jugement dernier !...

BUSONI.

C'est bien... Que ce diamant vous profite ! soyez heureux, je pars... Adieu !..

SCÈNE III

LA CARCONTE, CADEROUSSE.

LA CARCONTE.

Dis donc, Gaspard, est-ce que nous rêvons?

CADEROUSSE.

Non, parbleu! nous sommes bien éveillés, et la preuve, c'est que voilà le diamant.

LA CARCONTE, d'une voix sourde.

Et s'il était faux?...

CADEROUSSE, pâlissant.

Faux! faux!... Et pourquoi cet homme m'aurait-il donné un diamant faux?...

LA CARCONTE.

Pour avoir ton secret sans le payer, imbécile!

CADEROUSSE.

Oh! je le saurai, et dans un instant...

LA CARCONTE.

Comment cela?

CADEROUSSE.

C'est la foire de Beaucaire; il y a un grand bijoutier de Paris... tu sais... M. Joannès, qui vient tous les ans et qui est si riche...

LA CARCONTE.

Eh bien?...

CADEROUSSE.

Eh bien, je vais aller le lui montrer... Dans une heure, je suis de retour...

LA CARCONTE.

Va... (Il sort.) Cinquante mille francs!... c'est de l'argent, mais ce n'est pas une fortune!... Cependant, ça nous irait bien dans ce moment-ci; nous nous en retournerions à Marseille, je me ferais soigner, et peut-être parviendrais-je à me débarrasser de ces malheureuses fièvres... Oh! j'ai froid, j'ai froid!... (Elle attise le feu; on frappe.) Encore un voyageur... Il paraît que c'est le jour... Entrez, entrez!... (Une patrouille de Douaniers entre.) Non, ce sont les douaniers.

SCÈNE IV

Les Douaniers, LA CARCONTE.

LE CHEF DES DOUANIERS.

Bonsoir, la mère, bonsoir...

LA CARCONTE.

Bonsoir...

LE CHEF.

Voyons, dérangez-vous un petit peu, et donnez-nous une bouteille de votre meilleur pour nous rafraîchir. Nous ne nous informerons pas s'il a payé les droits, soyez tranquille.

LA CARCONTE.

Descendre dans la cave, quand je grelotte déjà au coin du feu...

LE CHEF.

Voulez-vous que nous y allions nous-mêmes?

LA CARCONTE.

Non, j'y vais...

(Elle descend à la cave.)

LE CHEF, déroulant un papier.

Voilà le plan du canal, avec tous les bateaux qui sont dessus... Voyez-vous, c'est celui-ci, le plus près du bord, en droite ligne avec la maison... Cinq de nos hommes remonteront, cinq descendront; puis, arrivés au bord du canal, à cinq cents pas l'un de l'autre, nous nous rejoindrons... Si les hommes nous échappent, le bateau ne nous échappera pas.

UN DOUANIER.

Et de quoi est-il chargé?

LE CHEF.

De rhum et de tabac.

LA CARCONTE.

Que disent-ils?

LE CHEF.

Chut! voici la Carconte... Eh bien, il fait chaud ce soir, madame Caderousse...

LA CARCONTE

Je ne sais pas.

LE CHEF.
Est-ce que vous avez du rhum?
LA CARCONTE.
Du rhum ici! pour quoi faire?... Ce n'est qu'à la ville qu'on trouve ça.
UN DOUANIER.
Si vous aviez seulement un petit morceau de tabac en carotte, gros comme cela...
LA CARCONTE.
Je ne fais pas la contrebande.
LE CHEF.
Où donc est Caderousse?
LA CARCONTE.
Il est allé promener.
LE CHEF.
De quel côté?
LA CARCONTE.
Je n'en sais rien.
LE DOUANIER.
En voilà une qui dément le proverbe...
LE CHEF.
Le fait est qu'elle n'est pas causeuse... A votre santé, la mère!
LA CARCONTE.
Merci!

SCÈNE V

Les Mêmes, CADEROUSSE, entrant.

CADEROUSSE.
Femme!...
LA CARCONTE.
Ah! c'est toi...
CADEROUSSE.
Oui...
LA CARCONTE.
Tu n'as donc pas été à Beaucaire?
CADEROUSSE.
Non, je l'ai rencontré sur la route...

LA CARCONTE.

Qui?

CADEROUSSE.

M. Joannès.

LA CARCONTE.

Par quel hasard?

CADEROUSSE.

Il allait faire un payement à Montpellier.

LA CARCONTE.

Et le lui as-tu montré?

CADEROUSSE.

Oui.

LA CARCONTE.

Eh bien?

CADEROUSSE.

Il est bon.

LA CARCONTE.

De sorte qu'il vaut...?

CADEROUSSE.

Cinquante mille francs.

LA CARCONTE.

Mon Dieu!

LE CHEF.

Hé! l'ami?

CADEROUSSE.

Me voilà.

LE CHEF.

Combien les deux bouteilles?

CADEROUSSE.

Ce que vous voudrez.

LE CHEF.

Comment! ce que nous voudrons?

CADEROUSSE.

Ah! pardon, je ne sais pas ce que je dis... C'est dix sous.

LA CARCONTE.

Gaspard! Gaspard!

CADEROUSSE.

Hein?

LA CARCONTE.

Où est-il?

CADEROUSSE.

Il met son cheval à l'écurie.

LA CARCONTE.

Et il a de l'argent sur lui?

CADEROUSSE.

Oui.

LA CARCONTE.

Une forte somme?

CADEROUSSE.

Assez pour nous payer tout de suite, à ce qu'il paraît.

LE CHEF.

Tiens, voilà tes dix sous... Adieu !

CADEROUSSE.

Merci... Approchez, monsieur Joannès, approchez.

(Les Douaniers sortent.)

SCÈNE VI

JOANNÈS, CADEROUSSE, LA CARCONTE.

JOANNÈS.

Qu'est-ce que ces gens-là ?

CADEROUSSE.

Ce sont des douaniers, n'ayez pas peur.

LA CARCONTE.

Ah ! monsieur, ce brave homme ne nous a donc pas trompés... et le diamant est bon ?

CADEROUSSE.

Oui, oui, il est bon... et la preuve, c'est que M. Joannès est prêt à nous en donner cinquante mille francs.

JOANNÈS.

C'est-à-dire que j'en ai offert quarante mille francs.

LA CARCONTE.

Quarante mille !... Nous ne le donnerons certainement pas pour ce prix-là... Le voyageur nous a dit qu'il valait cinquante mille francs, et sans la monture encore.

JOANNÈS.

Montrez-le-moi, que je le regarde encore une fois... On juge mal les pierres à une première vue.

CADEROUSSE.

Tenez...

JOANNÈS.

J'ai dit quarante-cinq mille francs, et je ne m'en dédirai pas... D'ailleurs, c'est juste la somme que j'allais porter à Montpellier, et que je me trouve avoir sur moi.

CADEROUSSE.

Oh! qu'à cela ne tienne! je retournerai avec vous à Beaucaire pour chercher les cinq autres mille francs.

JOANNÈS.

Non, cela ne vaut pas davantage... et encore, je suis fâché d'avoir offert cette somme, attendu qu'il y a dans la pierre un défaut que je n'avais pas remarqué d'abord.

CADEROUSSE, remettant le diamant dans sa poche.

Bon, bon, bon... On le vendra à un autre.

JOANNÈS.

Oui, mais un autre ne sera pas si facile que moi ; un autre ne se contentera pas des renseignements que vous m'avez donnés... Il n'est pas naturel qu'un homme comme vous possède un diamant de cinquante mille francs. Il ira prévenir les magistrats ; il faudra retrouver le voyageur... Vous ne savez pas même son nom... et les voyageurs qui donnent des diamants de deux mille louis sont rares... La justice commencera par mettre la main dessus, on vous enverra en prison, et, si vous êtes reconnu innocent, qu'on vous mette dehors après trois ou quatre mois de captivité, la bague pourra s'être égarée au greffe, où l'on vous donnera peut-être une pierre fausse qui vaudra trois francs, au lieu d'un diamant qui en vaut cinquante mille peut-être, mais que vous en conviendrez, mon brave homme, on court certains risques à acheter.

(Caderousse et sa femme s'interrogent du regard.)

CADEROUSSE.

Non, décidément... nous ne sommes pas assez riches pour perdre cinq mille francs.

JOANNÈS.

Comme vous voudrez mon cher ami... Je vous eusse cependant payé en belle monnaie...Voyez !

(Il tire de sa poche une poignée d'or qu'il étale sur la table.)

CADEROUSSE.

Qu'en dis-tu, femme ?

LA CARCONTE.

Donne, donne... S'il retourne à Beaucaire, il nous dénoncera... eh! qui sait si nous pourrons jamais remettre la main sur notre donneur de diamants?

CADEROUSSE.

Eh bien, soit! prenez le diamant; mais madame Caderousse veut une chaîne d'or, et moi, je demande une paire de boucles d'argent.

JOANNÈS.

Tenez, je suis rond en affaires... voilà ma boîte d'échantillons, prenez ce que vous voudrez. (La Carconte choisit une chaîne, Caderousse une paire de boucles.) J'espère que vous ne vous plaindrez plus?

CADEROUSSE.

Le voyageur avait dit qu'il valait cinquante mille francs.

JOANNÈS, lui prenant le diamant des mains.

Allons, allons, donnez donc... Quel homme terrible, morbleu! je lui compte quarante-cinq mille francs, deux mille cinq cents livres de rente, et il n'est pas encore content!

CADEROUSSE.

Et les quarante-cinq mille francs, où sont-ils? Voyons!...

JOANNÈS.

Les voilà.

LA CARCONTE.

Attendez que j'allume la lampe; il n'y fait plus clair, et l'on pourrait se tromper.

JOANNÈS.

Oh! comptez, comptez, la somme en vaut la peine.

LA CARCONTE.

Qu'est-ce que c'est que ces papiers-là?

CADEROUSSE.

Des billets de banque... Tu sais bien ce que c'est que des billets de banque?

LA CARCONTE.

J'en ai entendu parler; mais je n'en ai jamais vu.

JOANNÈS.

Eh bien, votre compte y est-il?

CADEROUSSE.

Oui... Donne le portefeuille, Carconte, et cherche un sac... Maintenant, monsieur Joannès, quoique vous nous ayez soulevé une dizaine de mille francs, voulez-vous souper avec nous?

JOANNÈS.

Non... Il se fait tard, et, puisque je ne vais pas à Montpellier, il faut que je retourne à Beaucaire... Neuf heures, morbleu!... Adieu, mes petits enfants... et, s'il vous revient encore d'autres voyageurs avec des bagues... vous comprenez?...

(Un coup de tonnerre se fait entendre.)

CADEROUSSE.

Oh! oh! vous allez partir par ce temps-là?

JOANNÈS.

Bah! je n'ai pas peur du tonnerre.

LA CARCONTE.

Et des voleurs?... La route n'est jamais bien sûre, monsieur Joannès...

JOANNÈS, tirant de sa poche une paire de pistolets.

Quant aux voleurs, voilà pour eux: des chiens qui aboient et qui mordent en même temps... C'est pour les deux premiers qui auront envie de votre diamant, père Caderousse.

(La Carconte et Caderousse échangent un regard.)

CADEROUSSE.

Alors, bon voyage!

JOANNÈS.

Merci. (Il ouvre la porte; éclairs, vent, pluie.) Nous allons avoir un joli petit temps... Et deux lieues à faire par ce temps-là!...

CADEROUSSE.

Restez, vous coucherez ici.

LA CARCONTE.

Oui, restez... Nous aurons bien soin de vous.

JOANNÈS.

Non pas, il faut que je retourne ce soir à Beaucaire... Adieu!... Il ne fait ni ciel ni terre, ma parole d'honneur!

CADEROUSSE.

Votre cheval est là?

JOANNÈS.

Oui... Faut-il prendre à gauche? faut-il prendre à droite?

CADEROUSSE.

A droite... Il n'y a pas à se tromper, la route est bordée d'arbres de chaque côté.

JOANNÈS, déjà loin.

Bon!

SCÈNE VII

CADEROUSSE, LA CARCONTE.

LA CARCONTE.

Ferme donc la porte... Je n'aime pas les portes ouvertes quand il tonne.

CADEROUSSE, fermant la porte à double tour.

Et quand il y a de l'argent à la maison, n'est-ce pas ?

(Il revient près de sa femme.)

LA CARCONTE.

Pourquoi donc lui as-tu offert de coucher ici ?

CADEROUSSE, tressaillant.

Moi?... Mais pour... pour qu'il n'ait pas la peine de retourner à Beaucaire.

LA CARCONTE.

Je croyais que c'était pour autre chose.

CADEROUSSE.

Femme ! femme ! as-tu de pareilles idées ? et pourquoi, les ayant, ne les gardes-tu pas pour toi ?

LA CARCONTE

C'est égal, tu n'es pas un homme.

CADEROUSSE.

Comment cela ?

LA CARCONTE.

Si tu avais été un homme, il ne serait pas sorti d'ici.

CADEROUSSE.

Femme !...

LA CARCONTE.

La route fait un coude... et il est obligé de suivre la route... tandis que, pour quelqu'un qui connait le pays...

CADEROUSSE.

Eh bien?...

LA CARCONTE.

Il y a, le long du canal, un chemin qui raccourcit...

CADEROUSSE.

Femme, tu offenses le bon Dieu... Tiens, écoute !...

(Coup de tonnerre. Silence d'un instant. On frappe à la porte.)

LA CARCONTE.

On a frappé !...

CADEROUSSE, la main sur l'or et les billets.

Qui est là?...
JOANNÈS.

Moi!...
CADEROUSSE.

Qui, vous?...
JOANNÈS.

Pardieu! Joannès, le bijoutier.
LA CARCONTE.

Eh bien, que disais-tu donc? Le voilà qui revient!
JOANNÈS.

Ouvrez donc vite!
CADEROUSSE, tombant sur sa chaise.

Oh! Seigneur!...
LA CARCONTE, allant à la porte.

Voilà! voilà!... Entrez donc, cher monsieur Joannès.

SCÈNE VIII

JOANNÈS, CADEROUSSE, LA CARCONTE.

JOANNÈS.

Ma foi, il paraît que le diable ne veut pas que je retourne à Beaucaire ce soir... Les plus courtes folies sont les meilleures, mon cher monsieur Caderousse... Vous m'avez offert l'hospitalité, je l'accepte, et je reviens pour coucher chez vous.
LA CARCONTE.

Et vous faites bien, monsieur.
JOANNÈS.

Est-ce que vous avez des voyageurs dans votre auberge?
CADEROUSSE.

Non... Nous ne donnons pas à coucher; nous sommes trop près de la ville, et personne ne s'arrête chez nous.
JOANNÈS.

Alors, je vais vous gêner horriblement.
LA CARCONTE.

Nous gêner, nous?... Pas le moins du monde, je vous jure.
JOANNÈS.

Voyons, où me mettez-vous?

LA CARCONTE.

Dans la chambre là-haut.

JOANNÈS.

Mais c'est votre chambre?

LA CARCONTE.

Oh! n'importe... Nous avons un second lit dans la chambre à côté de celle-ci.

CADEROUSSE.

Femme!...

LA CARCONTE.

Tais-toi!

JOANNÈS.

Alors, c'est bien.

LA CARCONTE, qui a mis le couvert pendant ce temps.

La!... quand vous voudrez souper, tout est prêt.

JOANNÈS.

Et vous?

CADEROUSSE, enfermant son or et ses billets dans une armoire.

Moi, je ne souperai pas.

LA CARCONTE.

Nous avons dîné très-tard.

JOANNÈS.

Alors, je vais souper seul.

LA CARCONTE.

Oui, nous vous servirons... (On entend la pluie et le tonnerre.) Voyez-vous!... Vous avez bien fait de revenir, monsieur Joannès.

JOANNÈS.

Ce qui n'empêche pas que, si l'orage s'apaise, je me mettrai en route.

CADEROUSSE.

Oh! c'est le mistral! c'est le mistral!... Nous en avons pour jusqu'à demain.

JOANNÈS.

Ma foi, tant pis pour ceux qui sont dehors!

LA CARCONTE.

Oui, ils passeront une mauvaise nuit... et ce ne sera pas comme vous, monsieur Joannès... Vous n'aurez pas une chambre élégante ni un bon lit; mais vous serez à couvert, au moins, et vous aurez des draps blancs.

10.

CADEROUSSE.
Cependant...
JOANNÈS.
Quoi?
CADEROUSSE, allant à la porte.
Je crois que l'ouragan se calme, monsieur...
(Ouragan.)
LA CARCONTE.
Es-tu fou? Tiens...
(La porte, brisée par le vent, s'ouvre avec violence.)
JOANNÈS.
Allons! allons! je vois bien qu'il faut en prendre son parti... Vous dites donc, la mère, que ma chambre...?
LA CARCONTE.
Est prête; prenez l'escalier, cette lampe...
JOANNÈS.
Et vous?
LA CARCONTE.
Oh! nous, nous en allumerons une autre.
JOANNÈS.
Allons, bonsoir!
CADEROUSSE.
Cependant, monsieur Joannès...
LA CARCONTE.
Te tairas-tu, malheureux!
JOANNÈS.
Quoi?
LA CARCONTE.
Rien... Bonne nuit, monsieur Joannès, bonne nuit!
CADEROUSSE, tombant sur la pierre, dans l'intérieur de la cheminée.
Ah!

SCÈNE IX

CADEROUSSE, LA CARCONTE.

LA CARCONTE, allant à Caderousse.
Eh bien?
CADEROUSSE.
Quoi?

LA CARCONTE.

Il est là !

CADEROUSSE.

Je le sais ; ce n'est pas moi qui l'y ai attiré, Dieu merci !

LA CARCONTE.

Imbécile ! Quarante-cinq mille francs que nous avons et le diamant qu'il a, font quatre-vingt-quinze mille francs... En voilà une fortune, à la bonne heure !

CADEROUSSE.

Femme, femme, ne me tente pas !

LA CARCONTE.

Oh ! tu as peur ?...

CADEROUSSE.

Tais-toi, que je te dis, tais-toi !... ce n'est pas la peur.

LA CARCONTE.

Qu'est-ce que c'est donc, alors ?... Personne ne l'a vu entrer ici ?

CADEROUSSE.

Mais tu es donc le démon ?

LA CARCONTE.

Personne ne l'en verra sortir... On l'enterrera dans la cave, ou on le jettera dans le canal ; nous laisserons vendre nos meubles comme si nous n'avions pas le sou, et nous nous en irons tranquillement avec cinq mille livres de rente dans notre poche.

CADEROUSSE.

Ah ! tu ne trembles donc plus la fièvre, maintenant ?

LA CARCONTE.

Non ; il me semble que je suis guérie.

(Elle va détacher un couteau.)

CADEROUSSE.

Que fais-tu ?

LA CARCONTE.

Je croyais que c'était décidé ?

CADEROUSSE.

Il a ses pistolets.

LA CARCONTE.

Ah bah ! est-ce qu'on y voit clair la nuit ?... Et puis il dort déjà.

JOANNÈS, de sa chambre.

Bonsoir, père Caderousse !... bonsoir, mère Madeleine !...

LA CARCONTE.
Il éteint sa lampe, vois-tu?
CADEROUSSE.
Mais nous n'y verrons pas non plus, nous.
LA CARCONTE.
Avec cela que nous ne connaissons pas la chambre!
CADEROUSSE.
Mon Dieu! mon Dieu!...
LA CARCONTE.
Quand on pense que ça se vante d'être un homme!
CADEROUSSE, saisissant une hache.
Eh bien, puisque tu le veux...
LA CARCONTE.
Allons donc!

(Ils montent, sur une musique sourde, ouvrent la porte; on entend un cri, le bruit d'une lutte, un coup de pistolet; la Carconte reparaît sanglante et tombe sur l'escalier.)

BERTUCCIO, poussant la porte du réduit.
Mon Dieu! que se passe-t-il donc ici?

ACTE TROISIÈME

TROISIÈME TABLEAU

Chez M. de Baville.

SCÈNE PREMIÈRE

DE BAVILLE, JULIE, puis UN DOMESTIQUE.

DE BAVILLE.
Eh bien, mademoiselle, dites à M. Morel que je l'attends.
JULIE.
Merci, monsieur, au nom de mon père.

LE DOMESTIQUE.

Monsieur, il y a là cet Anglais, l'envoyé de la maison Thompson et French.

DE BAVILLE.

Faites entrer.

LE DOMESTIQUE.

Entrez, monsieur.

SCÈNE II

Les Mêmes, un Commis.

Sur la porte, Julie et le Commis se rencontrent.

LE COMMIS.

Pardon, mademoiselle.

(Il se range ; Julie sort. Le Commis la suit des yeux.)

DE BAVILLE.

Puis-je savoir, monsieur, ce qui me procure l'honneur de votre visite ?

LE COMMIS.

Monsieur, je suis le premier commis de la maison Tompson et French, de Rome ; nous sommes depuis dix ans en relations avec la maison Morel et fils, de Marseille ; nous avons une centaine de mille francs engagés dans ces relations, et, comme nous avons appris là-bas que la maison menaçait ruine, j'arrive tout exprès de Rome pour vous demander des renseignemens.

DE BAVILLE.

Hélas ! monsieur, vos craintes ne sont que trop bien fondées, et vous voyez en moi un homme désespéré ! J'avais deux cent mille francs placés dans la maison Morel ; ces deux cent mille francs étaient la dot de ma fille, que je comptais marier dans quinze jours. Ils étaient remboursables, cent mille francs le 15 de ce mois-ci, cent mille francs le 15 du mois prochain. J'avais donné avis à M. Morel de mon désir que ce remboursement se fît avec exactitude, et voilà qu'il vient de m'envoyer sa fille, que vous avez vue, pour me demander un rendez-vous... Or, j'ai bien peur...

LE COMMIS.

Que cela ne ressemble à un atermoiement ?

DE BAVILLE.

Mieux que cela, à une banqueroute.

LE COMMIS.

Ainsi, monsieur, cette créance vous inspire des craintes?

DE BAVILLE.

C'est-à-dire que je la regarde comme perdue.

LE COMMIS.

Oh!... un marché, monsieur...

DE BAVILLE.

Lequel?

LE COMMIS.

Je vous l'achète, moi.

DE BAVILLE.

Que m'achetez-vous?

LE COMMIS.

Cette créance.

DE BAVILLE.

Vous?

LE COMMIS.

Oui, moi!

DE BAVILLE.

Mais à un rabais énorme, sans doute?

LE COMMIS.

Oh! notre maison ne fait pas ces sortes d'affaires. Moyennant deux cent mille francs.

DE BAVILLE.

Et vous payez?...

LE COMMIS.

Comptant... (Il tire une liasse de billets de banque.) Eh bien, monsieur?...

DE BAVILLE, après un instant d'hésitation.

Monsieur, mon devoir d'honnête homme m'oblige à vous dire que vous n'aurez pas vingt pour cent de cette créance.

LE COMMIS.

Cela ne me regarde pas, monsieur; cela regarde la maison Thompson et French, au nom de laquelle j'agis. Peut-être a-t-elle intérêt à hâter la ruine d'une maison rivale. Mais, pour moi, je suis prêt à vous compter cette somme, moyennant un transport...

DE BAVILLE.

Soit, monsieur; c'est trop juste... Maintenant, veuillez me

dire quel est le droit de commission que vous désirez. Ordinairement, nous payons un et demi. Voulez-vous deux ? voulez-vous trois ? voulez-vous cinq ?

LE COMMIS.

Je désire autre chose.

DE BAVILLE.

Parlez, monsieur, je vous écoute.

LE COMMIS.

Vous êtes inspecteur des prisons?

DE BAVILLE.

Depuis plus de quinze ans...

LE COMMIS.

Vous tenez des registres?

DE BAVILLE.

D'entrée et de sortie, sans doute.

LE COMMIS.

Et, dans ces registres, il y a des notes?

DE BAVILLE.

Des notes relatives aux prisonniers... Oui, chacun a son dossier.

LE COMMIS.

Eh bien, monsieur, j'ai beaucoup connu, en Angleterre, un abbé qui a disparu tout à coup, en 1811... J'ai appris qu'il avait été détenu au château d'If, et je voudrais avoir quelques détails...

DE BAVILLE.

Comment le nommiez-vous?

LE COMMIS.

Faria...

DE BAVILLE.

Oh ! je me le rappelle parfaitement : il était fou.

LE COMMIS.

On disait cela.

DE BAVILLE.

Oh ! il l'était bien réellement.

LE COMMIS.

C'est possible !... Quelle était sa folie?

DE BAVILLE.

Il prétendait avoir connaissance d'un immense trésor, et promettait des sommes fabuleuses au gouvernement, si on voulait le mettre en liberté.

LE COMMIS.

Et il est mort?...

DE BAVILLE

Oui, monsieur, il y a six mois, en février dernier...

LE COMMIS.

Vous avez une heureuse mémoire, monsieur, pour vous rappeler ainsi les dates.

DE BAVILLE.

Je me rappelle celle-ci, parce que la mort du pauvre diable fut accompagnée d'une circonstance singulière.

LE COMMIS.

Peut-on connaître cette circonstance?

DE BAVILLE.

Oh! mon Dieu, oui, monsieur. Son cachot était éloigné d'une quarantaine de pieds, à peu près, de celui d'un ancien agent bonapartiste, d'un des hommes qui avaient le plus contribué au retour de l'empereur, en 1815; homme très-résolu, très-dangereux...

LE COMMIS.

Ah! vraiment!... très-résolu et très-dangereux?

DE BAVILLE.

Oh! il y a sur lui, dans son dossier, des notes terribles!...

LE COMMIS.

Mais de qui ces notes?

DE BAVILLE.

De celui qui a instruit l'affaire.

LE COMMIS.

Et cet homme qui a instruit l'affaire?

DE BAVILLE.

M. de Villefort.

LE COMMIS.

Oh! ce pauvre M. de Villefort, qui a été tué, assassiné?...

DE BAVILLE.

Tué!... assassiné!...

LE COMMIS.

Oui... et qui est mort.

DE BAVILLE.

Mort?... Eh! monsieur, qui vous a fait cette histoire?... M. de Villefort est vivant comme vous et moi.

LE COMMIS.

Vivant?

DE BAVILLE.

Oui.

LE COMMIS.

Vous en êtes sûr?

DE BAVILLE.

Grâce au ciel! Et la preuve, c'est qu'il m'a écrit il n'y a pas huit jours.

LE COMMIS.

Grâce au ciel! vous avez raison... Mais, pour revenir au prisonnier, puisqu'il avait si efficacement contribué au retour de l'usurpateur, comment, après ce retour...?

DE BAVILLE.

Oui, vous voulez savoir comment il se fait que, pendant les Cent-Jours, il soit demeuré en prison?... Oh! quant à cela, monsieur, le pauvre diable jouait de malheur. Imaginez-vous que M. Morel, son patron, avait fait pour lui toutes les démarches imaginables, jusqu'à adresser une pétition à l'empereur; mais cette pétition a été retardée on ne sait comment, et n'est arrivée à Paris qu'après Waterloo, de sorte que, tombant entre les mains des Bourbons, au lieu de tomber dans les mains de Bonaparte, elle a perdu Dantès, quand elle eût dû le sauver.

LE COMMIS.

En effet, c'était une fatalité. Mais vous, monsieur, comme inspecteur, vous avez connu ce prisonnier?

DE BAVILLE.

Oui, oui; j'ai eu l'occasion de voir moi-même cet homme en 1818 ou 1819. On ne descendait dans son cachot qu'avec un piquet de soldats... Cet homme m'a fait une profonde impression, et je n'oublierai jamais son visage.

LE COMMIS, souriant

Vous ne l'oublierez jamais?...

DE BAVILLE.

Jamais, monsieur!

LE COMMIS.

Et comment s'appelait ce dangereux conspirateur?

DE BAVILLE.

Edmond Dantès.

LE COMMIS.

De sorte que cet Edmond Dantès...?

DE BAVILLE.

S'était procuré des outils, ou en avait fabriqué, car on trouva un couloir à l'aide duquel les prisonniers communiquaient.

LE COMMIS.

Pour l'évasion?...

DE BAVILLE.

Justement ; mais, par malheur pour les prisonniers, Faria fut frappé d'une attaque de catalepsie et mourut.

LE COMMIS.

Je comprends... Alors, la fuite n'était plus possible?

DE BAVILLE.

Pour le mort, oui, mais non pour le vivant. Imaginez-vous, au contraire, que cet enragé Dantès y vit un moyen de hâter sa fuite... Il pensait sans doute que les prisonniers morts au château d'If étaient enterrés dans un cimetière ordinaire. Il transporta le défunt dans sa chambre, le coucha dans son lit, prit sa place dans le sac, et attendit.

LE COMMIS.

C'était un moyen hasardeux!...

DE BAVILLE.

Oh! je vous ai dit que c'était un homme fort résolu, et qui, heureusement, a débarrassé lui-même le gouvernement des craintes qu'on avait à son sujet.

LE COMMIS.

Comment cela?

DE BAVILLE.

Vous ne comprenez pas?

LE COMMIS.

Non, j'ai l'entendement difficile.

DE BAVILLE.

Le château d'If n'a pas de cimetière : on jette tout simplement les morts à la mer, après leur avoir attaché aux pieds un boulet de trente-six.

LE COMMIS.

Eh bien?

DE BAVILLE.

Eh bien, on lui attacha un boulet de trente-six aux pieds, et on le jeta à la mer.

LE COMMIS.

En vérité!

DE BAVILLE.

Vous comprenez quel dut être l'étonnement du fugitif, lorsqu'il se sentit précipiter du haut en bas des rochers... J'eusse voulu voir sa figure en ce moment-là...

LE COMMIS.

C'eût été difficile.

DE BAVILLE.

N'importe, je me le représente.

LE COMMIS.

Et moi aussi!... De sorte qu'il fut noyé?

DE BAVILLE.

Bel et bien!... Et, du même coup, le gouverneur du château d'If fut débarrassé du furieux et du fou.

LE COMMIS.

Mais cet événement a été constaté?

DE BAVILLE.

Sans doute, par un acte mortuaire. Vous comprenez que les parents ou les amis de ce Dantès pouvaient avoir intérêt à s'assurer s'il était mort ou vivant.

LE COMMIS.

De sorte qu'aujourd'hui, amis et parents...?

DE BAVILLE.

Peuvent être tranquilles; il est mort et bien mort, et on leur délivrera attestation de cette mort quand ils voudront.

LE COMMIS.

Mais les registres?...

DE BAVILLE.

Ah! oui, c'est vrai. Vous dites donc, monsieur, que vous désirez voir ce qui avait rapport à ce pauvre abbé, qui était la douceur même?

LE COMMIS.

Cela me fera plaisir.

DE BAVILLE.

Tenez, monsieur, voici le carton; mais, comme vous n'avez point qualité pour examiner ces registres, et que je fais en votre faveur une concession que je ne devrais pas faire, passez dans mon cabinet.

LE COMMIS.

Et le dossier de ce Dantès était aussi...?

DE BAVILLE.

Oui, monsieur, ils sont ensemble...

LE COMMIS.
Eh bien, pendant ce temps...
DE BAVILLE.
Je prépare le transport, soyez tranquille.

SCÈNE III

DE BAVILLE, puis UN VALET.

DE BAVILLE, écrivant.
« Cejourd'hui, 5 juin 1829, j'ai, par ces présentes, cédé et transporté... » Quel diable d'intérêt la maison Thompson et French peut-elle avoir à m'acheter cette créance?... Ma foi, n'importe, la chose ne me regarde pas, et, pourvu que je rentre dans mes deux cent mille francs...
LE VALET.
M. Morel...
DE BAVILLE.
Il arrive bien; faites entrer.
LE VALET.
Entrez, monsieur.

SCÈNE IV

DE BAVILLE, MOREL, puis LE COMMIS.

DE BAVILLE.
Ah! c'est vous, mon cher monsieur Morel... Bonjour, bonjour!... Et votre fils, M. Maximilien, est-il toujours en garnison à Nîmes?
MOREL.
Oui, monsieur, toujours. J'ai eu l'honneur de vous faire demander un entretien...
DE BAVILLE.
Oui, par mademoiselle votre fille; une charmante enfant... Eh bien, quand la marions-nous à M. Emmanuel?
MOREL.
Hélas! monsieur, l'homme propose et Dieu dispose...
DE BAVILLE.
Vous ne me paraissez pas gai, cher monsieur Morel?...

MOREL.

Monsieur, je venais vous parler de ce remboursement de cent mille francs, que j'avais à vous faire le 15 courant...

DE BAVILLE.

Mon cher monsieur Morel, ce n'est plus à moi que vous avez affaire.

MOREL.

Comment cela?

DE BAVILLE.

J'ai cédé ma créance.

MOREL.

Vous avez cédé votre créance!... Et à qui, mon Dieu?

LE COMMIS, rentrant.

A moi, monsieur...

MOREL.

A vous?

DE BAVILLE.

Vous comprenez... C'est donc à monsieur seulement que vous avez affaire... Ainsi, si vous avez quelque chose à demander... votre très-humble, monsieur Morel... cela ne me regarde plus. (Au Commis.) Voici le transport...

LE COMMIS.

Voici vingt billets de banque de cinq mille francs chacun... C'était votre compte?

DE BAVILLE.

Oui, monsieur.

(Il sort.)

SCÈNE V

MOREL, LE COMMIS.

MOREL.

Pardon, monsieur, mais qui êtes-vous?

LE COMMIS.

Je suis le premier commis de la maison Thompson et French, de Rome, pour vous servir, monsieur.

MOREL.

J'apprends, monsieur, et par vous et par M. de Baville, une nouvelle étrange et qui ne peut d'ailleurs que m'être agréable, d'après les relations que j'ai toujours eues avec la maison à laquelle vous appartenez.

LE COMMIS.

Oui, monsieur, voici le fait : la maison Thompson et French a, dans le courant de ce mois-ci et du mois prochain, trois ou quatre cent mille francs à payer en France ; or, connaissant votre rigoureuse exactitude, elle a réuni tout le papier portant votre signature qu'elle a pu trouver, et elle m'a chargé, au fur et à mesure des échéances, d'en toucher les fonds chez vous, et d'en faire emploi.

MOREL, avec un soupir.

Ainsi, monsieur, vous avez des traites signées par moi ?...

LE COMMIS.

Pour une somme assez considérable...

MOREL.

Pour quelle somme ?

LE COMMIS.

Mais voici d'abord un transport de deux cent mille francs fait à notre maison par M. de Baville, qui, je crois, a dû tout à l'heure vous prévenir lui-même de ce transport... Reconnaissez-vous lui devoir cette somme ?

MOREL.

Certainement !

LE COMMIS.

Puis voilà trente-deux mille cinq cents francs, fin courant ; ce sont des traites signées de vous et passées à notre ordre par des tiers porteurs... Est-ce bien votre signature ?

MOREL.

Je la reconnais... Est-ce tout, monsieur ?

LE COMMIS.

Non, j'ai encore, pour la fin du mois, ces valeurs-ci, que m'ont passées la maison Pascal et la maison Turner et Wild, de Marseille... Cinquante ou cinquante-cinq mille francs.

MOREL.

Eh bien, monsieur ?...

LE COMMIS.

Eh bien, monsieur, je ne vous cacherai pas que, tout en faisant la part de votre probité sans reproche, le bruit public de Marseille... pardon si je vous dis cela... est que vous n'êtes pas en mesure de faire face à vos affaires.

MOREL.

Monsieur, jusqu'à présent, et voilà bientôt vingt-quatre ans que j'ai reçu la maison de mon père, qui lui-même l'avait

gérée pendant trente-cinq, pas un billet signé Morel et fils n'a été présenté à la caisse sans être payé.
LE COMMIS.
Oui, je sais cela, monsieur; mais parlez-moi franchement, loyalement... payerez-vous ceux-ci avec la même exactitude?
MOREL.
Aux questions posées avec franchise, il faut une réponse franche... Oui, monsieur, je payerai, si mon bâtiment arrive à bon port; car son arrivée me rendra le crédit que des accidents successifs m'ont ôté; mais, si, par malheur, *le Pharaon*, cette dernière ressource sur laquelle je compte, vient à me manquer...
LE COMMIS.
Eh bien?...
MOREL.
Eh bien, monsieur, c'est cruel à dire! mais, déjà habitué au malheur, il faut que je m'habitue à la honte... Eh bien, je crois que je serai forcé de suspendre mes payements...
LE COMMIS.
N'avez-vous donc point d'amis qui puissent vous aider, dans cette circonstance?
MOREL.
Dans les affaires, monsieur, on n'a point d'amis, on n'a que des correspondants...
LE COMMIS.
Ainsi, vous n'avez qu'une seule espérance?
MOREL.
Une seule...
LE COMMIS.
La dernière?
MOREL.
La dernière...
LE COMMIS.
De sorte que, si cette espérance vous fait défaut...?
MOREL.
Je suis perdu, monsieur! complétement perdu!...
LE COMMIS.
Comme je passais sur la Cannebière, un navire entrait dans le port.

MOREL.

Je le sais.

LE COMMIS

Et ce n'est pas le vôtre?

MOREL.

Non; c'est un navire bordelais, *la Gironde*... Il vient de l'Inde aussi, mais ce n'est pas le mien.

LE COMMIS.

Peut-être a-t-il eu connaissance du *Pharaon* et vous apporte-t-il quelque nouvelle...

MOREL.

Faut-il que je vous le dise, monsieur? Je crains presque autant d'apprendre des nouvelles de mon trois-mâts que de rester dans l'incertitude... (D'une voix triste.) Ce retard n'est pas naturel, monsieur... *Le Pharaon* est parti de Calcutta le 5 février; depuis plus d'un mois, il devrait être ici...

LE COMMIS.

Qu'est cela, et que veut dire ce bruit?

MOREL.

Oh! mon Dieu, qu'y a-t-il encore?

JULIE, en dehors.

Mon père! où est mon père?...

MOREL.

C'est ma fille... Que vient-elle faire ici?

SCÈNE VI

Les Mêmes, JULIE, puis PÉNÉLON, EMMANUEL, Matelots.

JULIE, entrant et se jetant aux pieds de Morel, tombé dans un fauteuil.

Mon père, mon père, pardonnez-moi d'être la messagère d'une mauvaise nouvelle!...

MOREL, joignant les mains.

Seigneur! Seigneur!...

JULIE.

Du courage, mon père! du courage!...

MOREL.

Ainsi *le Pharaon* a péri?...

JULIE.

Oui, mon père...

MOREL.

Et l'équipage ?

JULIE.

Sauvé...

MOREL, se levant, les mains au ciel.

Merci, mon Dieu! Au moins, vous ne frappez que moi. (Pénélon passe sa tête par la porte.) Entrez, mes enfants, car je présume que vous êtes tous à la porte...

PÉNÉLON.

Oui, monsieur Morel, nous voilà.

EMMANUEL.

Entrez, mes amis...

MOREL.

Comment cela est-il donc arrivé, mon Dieu?...

EMMANUEL.

Avancez Pénélon, et racontez l'événement.

PÉNÉLON.

Bonjour, monsieur Morel... Eh bien, vous voyez...!

MOREL.

Où est le capitaine?

PÉNÉLON.

Resté malade à Palma; mais ce ne sera rien, il faut l'espérer, et, l'un de ces matins, vous le verrez arriver aussi bien portant que vous et moi...

MOREL.

C'est bien, Pénélon. Parle maintenant, mon ami.

PÉNÉLON.

Pour lors, monsieur Morel, nous étions donc quelque chose comme cela entre le cap Blanc et le cap Moyador, marchant avec une jolie brise sud-sud-est, quand le capitaine s'approche de moi... il faut vous dire que j'étais à la barre... et me dit : « Pénélon, que penses-tu de ces nuages qui montent là-bas à l'horizon? — Ce que j'en pense, c'est qu'ils montent plus vite qu'ils n'en ont le droit, et qu'ils sont plus noirs qu'il ne convient à de braves nuages qui n'auraient que de bonnes intentions... — C'est mon avis aussi, dit le capitaine; mais je vais un peu les attraper... Holà! hé! range à serrer le cacatois et à haler bas le clinfoc!... Bon! dit le capitaine, nous avons encore trop de toile... Range à carguer la grande voile!... » Cinq minutes après, la grande voile était carguée et nous marchions avec la misaine, les huniers et les perroquets.

LE COMMIS.

C'était encore trop dans ces parages-là... J'aurais pris quatre ris, et je me serais débarrassé de la misaine.

PÉNÉLON.

Nous fîmes mieux que cela, monsieur : nous amenâmes les huniers, nous carguâmes la brigantine et nous mîmes la barre au vent pour courir devant la tempête... Cinq minutes après, nous nous en allions à sec de voiles...

LE COMMIS.

J'ai vu votre *Pharaon* dans le port de Civita-Vecchia. Le bâtiment était bien vieux pour risquer cela...

PÉNÉLON.

Pour un Anglais, dites donc, les autres, il connaît son affaire. Eh bien, monsieur l'Anglais, vous avez raison... Au bout de quelques heures, nous étions ballottés que le diable en aurait pris les armes... Il se déclare une voie d'eau ; en vingt-quatre heures, nous en avions cinq pieds... Or, quand un bâtiment a cinq pieds d'eau dans le ventre, voyez-vous, demandez à monsieur, qui a l'air de s'y connaître, il peut bien passer pour hydropique. « Allons, dit le capitaine, assez comme cela, mes enfants ; nous avons fait tout ce que nous avons pu pour sauver le bâtiment ; maintenant, tâchons de sauver les hommes... A la chaloupe, enfants, et plus vite que ça !... » En un tour de main, la chaloupe est à la mer. Le capitaine y descendit le dernier, ou plutôt, non, il n'y descendit pas, c'est moi qui le pris à bras-le-corps et qui le jetai aux camarades ; après quoi, je sautai à mon tour... Il était temps... Comme je venais de sauter, le pont creva avec un bruit qu'on aurait dit la bordée d'un vaisseau de quarante-huit. Dix minutes après, il plongea de l'avant, puis de l'arrière, puis il se mit à tourner sur lui-même comme un chien qui court après sa queue... et puis bonsoir, la compagnie ! Brrrou ! il n'y avait plus de *Pharaon !* Voilà comment ça s'est passé, monsieur Morel ; parole d'honneur, en vérité de Dieu, foi de marin !... N'est-ce pas, vous autres ?

MOREL.

Mais vous, mes enfants ?...

PÉNÉLON.

Oh ! nous... nous sommes restés trois jours sans boire ni

manger, si bien que nous parlions déjà de tirer au sort pour
savoir quel serait celui qui alimenterait les autres, quand
nous aperçûmes *la Gironde.* Nous lui fîmes des signaux, elle
nous vit, mit le cap sur nous et nous recueillit...

MOREL.

Bien, mes amis, vous êtes de braves gens, et je savais d'avance que, dans le malheur qui me frappe, il n'y a pas d'autre coupable que ma destinée... C'est la volonté de Dieu et non la faute des hommes... Maintenant, combien vous est-il dû de solde ?

PÉNÉLON.

Oh ! ne parlons pas de cela, monsieur Morel.

MOREL.

Au contraire, parlons-en, mes amis.

PÉNÉLON.

Eh bien, on nous doit trois mois...

MOREL.

Emmanuel, vous payerez deux cents francs à chacun de ces braves gens... A une autre époque, j'aurais ajouté à ces deux cents francs, deux cents autres francs de gratification ; mais les temps sont malheureux, mes amis, et le peu d'argent qui me reste ne m'appartient plus ; excusez-moi donc et ne m'en aimez pas moins pour cela...

PÉNÉLON, après avoir consulté ses camarades.

Pour ce qui est de l'argent, monsieur Morel...

MOREL.

Eh bien ?

PÉNÉLON.

Eh bien, monsieur, les camarades disent que, pour le moment, ils auront assez de cinquante francs, et qu'ils attendront pour le reste.

MOREL.

Merci, merci, mes amis... Vous êtes tous de braves cœurs ! mais prenez, et, si vous trouvez un bon service, entrez-y... Vous êtes libres.

PÉNÉLON.

Comment ! monsieur Morel, vous nous renvoyez ?... Vous êtes donc mécontent de nous ?

MOREL.

Non, mes enfants, tout au contraire... Mais, n'ayant plus de bâtiments, je n'ai plus besoin de matelots.

PÉNÉLON.

Comment, vous n'avez plus de bâtiments?... Vous en ferez bâtir d'autres, nous attendrons... Dieu merci, nous savons ce que c'est que de bourlinguer.

MOREL.

Mais je n'ai plus d'argent pour faire construire des bâtiments... Mes amis, je ne puis accepter.

PÉNÉLON.

Eh bien, si vous n'avez plus d'argent, il ne faut pas nous payer alors... Nous ferons comme a fait ce pauvre *Pharaon*, nous courrons à sec, voilà tout.

MOREL.

Assez, assez, mes amis... Emmanuel, emmenez ces braves gens... J'étouffe!... Allez, mes amis, allez! nous nous retrouverons dans des temps meilleurs...

PÉNÉLON.

Au moins, c'est au revoir, n'est-ce pas, monsieur Morel?

MOREL.

Oui, oui, je l'espère... Allez, allez!... Laisse-moi aussi, ma Julie ; j'ai à causer avec monsieur.

SCÈNE VII

MOREL, LE COMMIS.

MOREL.

Eh bien, monsieur, vous avez tout vu, tout entendu... Je n'ai plus rien à vous apprendre...

LE COMMIS.

J'ai vu, monsieur, qu'il vous était arrivé un malheur immérité, et cela m'a affermi dans le désir que j'avais déjà de vous être agréable.

MOREL.

Oh! monsieur!...

LE COMMIS.

Voyons, je suis un de vos principaux créanciers, n'est-ce pas?

MOREL.

Vous êtes, du moins, celui qui possède des valeurs à la plus courte échéance.

LE COMMIS.

Vous désirez un délai pour me payer?

MOREL.

Un délai pourrait me sauver l'honneur, et, par conséquent, la vie.

LE COMMIS.

Quel temps demandez-vous ?

MOREL.

Deux mois.

LE COMMIS.

Je vous en donne trois.

MOREL.

Et vous croyez que la maison Thompson et French...

LE COMMIS.

Soyez tranquille, monsieur, je prends tout sur moi. Nous sommes aujourd'hui le 5 juin...

MOREL.

Oui.

LE COMMIS.

Eh bien, faites-moi une seule traite de deux cent quatre-vingt-sept mille francs, au 5 septembre; et, le 5 septembre, à onze heures du matin, je me présenterai chez vous...

(Il déchire les billets.)

MOREL.

Monsieur...

LE COMMIS.

Eh bien ?

MOREL.

Que faites-vous?

LE COMMIS.

Je n'ai plus besoin de toutes ces paperasses, puisque vous allez me donner une seule traite.

MOREL.

Mais vous ne l'avez pas encore...

LE COMMIS.

J'ai mieux que cela, monsieur, j'ai votre parole.

MOREL, écrivant.

Voici la traite, monsieur.

LE COMMIS.

Le 5 septembre, à onze heures...

MOREL.

Je vous attendrai... et, le 5 septembre, vous serez payé, ou je serai mort.

SCÈNE VIII

DE BAVILLE, LE COMMIS, UN LAQUAIS.

DE BAVILLE.

Eh bien, monsieur?...

LE COMMIS.

Eh bien, monsieur, vous aviez dit vrai, ce pauvre M. Morel est vraiment dans une situation malheureuse.

DE BAVILLE.

Et cela change-t-il quelque chose à vos dispositions?

LE COMMIS.

Non, monsieur; c'était toujours la même chose.

UN LAQUAIS.

Monsieur peut-il recevoir en ce moment?

DE BAVILLE.

C'est selon... Qui demande à être reçu?

LE LAQUAIS.

Un voyageur qui arrive en chaise de poste, et qui se prétend ami de monsieur.

DE BAVILLE.

A-t-il dit son nom?

LE LAQUAIS.

Il a remis sa carte.

DE BAVILLE.

Donnez... (Il lit.) M. de Villefort... Faites entrer...

(Le Laquais sort.)

LE COMMIS, à part.

Villefort!... Villefort, à Nîmes!... Bertuccio, son assassin, dans les prisons de Nîmes!... Oh! raison de plus pour voir ce Bertuccio!

DE BAVILLE.

Eh! justement, c'est l'homme dont nous parlions tout à l'heure et que vous disiez mort... Voulez-vous que je vous présente à lui?

LE COMMIS.
Oh! oui, volontiers; je désire voir moi-même qu'il était bien vivant.

SCÈNE IX

Les Mêmes, VILLEFORT

VILLEFORT.
Bonjour, mon cher de Baville!

DE BAVILLE.
Bonjour, mon cher monsieur de Villefort! (Montrant le Commis.) M. le représentant de la maison Thompson et French, de Rome... (Au Commis.) Vous voyez, monsieur, l'un des hommes les plus éloquents, les plus probes, les plus intègres de notre époque.

LE COMMIS.
Je suis charmé de connaître l'homme le plus éloquent, le plus probe, le plus intègre de notre époque; mais je ne puis pas demeurer plus longtemps aujourd'hui... Plus tard. j'aurai le bonheur de rencontrer monsieur... Plus tard!

(Il sort.)

SCÈNE X

DE BAVILLE, VILLEFORT.

VILLEFORT, à part.
En vérité, ces Anglais sont d'une politesse... Ah çà! je vous dérange, cher ami?

DE BAVILLE.
Non pas, non pas... au contraire... En vérité, c'est merveille de vous voir dans notre pauvre ville de province!... Et qui vous ramène chez nous?

VILLEFORT.
Une inspection que je fais des prisons du Midi. Mais, dites-moi, j'ai vu dans les journaux, puis ensuite j'ai été informé officiellement qu'un prisonnier du château d'If, nommé Edmond Dantès, avait péri en essayant de fuir?...

DE BAVILLE.
C'est la vérité.

VILLEFORT.
Cet homme, c'est moi, qui avais instruit son procès.

DE BAVILLE.

Je le sais.

VILLEFORT.

Et il est réellement mort?

DE BAVILLE.

Oh! parfaitement.

VILLEFORT.

Avez-vous gardé son dossier?

DE BAVILLE.

Avec le plus grand soin!

VILLEFORT.

Vous l'avez?

DE BAVILLE.

Ici!

VILLEFORT.

Je voudrais jeter un coup d'œil sur cette vieille affaire.

DE BAVILLE, à part.

Lui aussi!... (Haut.) Rien de plus facile; le carton est dans la chambre à côté; je vous le remets à l'instant même.

VILLEFORT.

Pendant ce temps, mon cher ami, si vous avez quelque chose à faire, ne vous gênez point, je vous prie; seulement, dites qu'on ne vienne pas me déranger.

DE BAVILLE.

Tenez, voici vos dossiers... Voyez, lisez, feuilletez; moi, je vais annoncer une nouvelle à madame de Baville.

VILLEFORT.

Une bonne nouvelle, à ce que dit votre physionomie!...

DE BAVILLE.

Ma foi, oui! deux cent mille francs que nous croyions perdus viennent de nous rentrer d'une façon inespérée.

VILLEFORT.

Je vous en fais mon compliment.

DE BAVILLE, sortant.

Merci!... Vous êtes chez vous!

SCÈNE XI

VILLEFORT, seul.

Tant qu'il a vécu, je n'ai point osé regarder en arrière;

maintenant qu'il est mort, que tout ce qui se rattache à cette terrible affaire soit anéanti avec lui... J'ai déjà bien assez d'un spectre, sans craindre encore celui-là. Et ce Bertuccio qui vient d'être jeté dans les prisons de Nîmes!... Mon Dieu! s'il allait parler!... Oh! mais me voici!... Voyons... Ceci est le dossier de Faria, qui était en prison avec ce Dantès... Ah! voici le sien!... Oui, oui, je reconnais cet interrogatoire interrompu par l'apparition de mon père... Le voilà tout entier de ma main... Cet interrogatoire peut subsister; mais ce qu'il est important de distraire de ce dossier, ce sont mes notes à moi, ces notes d'après lesquelles le malheureux est resté quatorze ans en prison, et n'en est sorti que pour périr d'une façon si affreuse!... Ah! mon père, mon père! c'est une terrible responsabilité que vous avez imposée à ma conscience!... Eh bien, c'est étrange! je ne vois plus la dénonciation où je l'avais classée... La dénonciation était là... Mes notes, mes notes absentes aussi!... Il y avait, j'en suis bien certain, des notes écrites de ma main contre cet homme... Il y avait une pétition adressée par Morel à l'usurpateur... Ces trois pièces manquent... Voyons, j'ai mal cherché peut-être... Mais non... non... non... voilà bien le dossier tout entier... ces pièces n'y sont pas... Oh! j'ai trop tardé à venir, j'ai trop tardé!... Mon Dieu! mon Dieu!... (Appelant.) Baville! Baville!... Il faut qu'il ait classé tous ces dossiers et mis les notes à part... Baville!...

SCÈNE XII

DE BAVILLE, VILLEFORT.

DE BAVILLE.

Qu'y a-t-il? Vous m'avez appelé, mon hôte?

VILLEFORT.

Oui... Vous connaissiez le dossier de ce Dantès, n'est-ce pas?

DE BAVILLE.

Sans doute, je l'ai feuilleté dix fois... Le pauvre diable m'avait inspiré de l'intérêt, je voulais faire quelque chose pour lui, et, sans vos notes, qui le dépeignaient comme un bonapartiste enragé...

VILLEFORT.

Ces notes étaient d'accord avec la dénonciation et avec la demande même de M. Morel à l'usurpateur... Mais, dites-moi, ces notes, cette dénonciation, cette demande...

DE BAVILLE.

Eh bien?

VILLEFORT.

Vous les avez mises à part, sans doute?

DE BAVILLE.

Moi? Non!... Elles sont avec les autres pièces au dossier...

VILLEFORT.

Vous faites erreur, mon cher; elles n'y sont plus.

DE BAVILLE.

Elles n'y sont plus?

VILLEFORT.

Voyez vous-même!

DE BAVILLE.

Comment cela?... A l'époque de la mort de cet homme, et à propos de cette mort, je les ai revues, touchées, feuilletées... Où sont-elles, alors?

VILLEFORT.

Baville!...

DE BAVILLE.

Quoi?...

VILLEFORT.

Ce dossier n'est pas sorti de vos mains?

DE BAVILLE.

Non!

VILLEFORT.

Personne n'est venu vous en demander communication?

DE BAVILLE.

De ce dossier? Je ne crois pas... je...

VILLEFORT.

Baville, il faut que ces pièces se retrouvent, il le faut, et je vous fais responsable... (A part.) Mon Dieu! si j'allais arriver trop tard aussi pour ce Bertuccio!... si déjà des révélations... (Haut.) Baville, je repasserai chez vous à cinq heures; jusque-là, videz vos cartons, remuez votre cabinet, bouleversez vos papiers, mais retrouvez ces trois pièces, il me les faut... Au revoir! au revoir!...

DE BAVILLE, seul.

Oh ! cet Anglais m'aurait-il fait payer sa commission plus cher que je ne croyais ?...

ACTE QUATRIÈME

QUATRIÈME TABLEAU

Les prisons de Nîmes.

SCÈNE PREMIÈRE

Un Greffier, BERTUCCIO.

LE GREFFIER.
Et vous persistez dans vos dénégations ?

BERTUCCIO.
Je persiste à dire la vérité.

LE GREFFIER.
Ainsi, vous affirmez que ce n'est pas vous qui avez tué le juif Joannès ?

BERTUCCIO.
Non-seulement je l'affirme, mais encore je vous indique le véritable assassin.

LE GREFFIER.
Donc, selon vous, le bijoutier aurait été assassiné par un nommé Caderousse et par sa femme ?

BERTUCCIO.
Oui ; mais il est juste de dire que Caderousse n'a fait que céder aux instigations de sa femme... Aussi, Dieu a-t-il pris soin déjà de punir le véritable meurtrier.

LE GREFFIER.
Oui ; mais ce que vous regardez comme une manifestation de la justice de Dieu, est un grand malheur pour vous, mon ami.... La Carconte est morte, Caderousse est sauvé ; le pré-

tendu Busoni, celui qui a donné le diamant, ne se retrouve pas... tandis que vous, vous avez été trouvé... et trouvé dans la chambre même où gisait encore la victime.

BERTUCCIO.

Oh! mon Dieu! mon Dieu! faut-il vous le redire encore pour la centième fois, et ne comprendrez-vous pas que je n'étais là que simple spectateur?... Je suis contrebandier, je vous l'ai dit... eh bien, nous faisions des affaires avec Caderousse...

LE GREFFIER.

Oui, c'est-à-dire qu'il recelait votre rhum et votre tabac?...

BERTUCCIO.

Je ne dis pas non... Punissez-moi comme contrebandier... sur ce point, je n'ai rien à dire, et mérite la punition; mais, quant à ce qui est de l'assassinat...

LE GREFFIER.

Il me semble cependant que MM. les Corses ne se font pas faute de jouer du fusil ou du couteau...

BERTUCCIO.

Pour accomplir une vendetta, mais non pour consommer un vol.

LE GREFFIER.

Alors, vous prétendez que Caderousse et sa femme ont assassiné le bijoutier pour le voler?

BERTUCCIO.

Je ne prétends pas, j'affirme... J'étais dans ma cachette ordinaire, sous l'escalier... Je m'étais endormi, après avoir vu M. Busoni donner à l'aubergiste et à sa femme un beau diamant, et le bijoutier leur compter quarante-cinq bonnes mille livres, quand, tout à coup, je fus réveillé par un coup de pistolet et par une espèce de pluie qui filtrait à travers les marches de l'escalier... Le coup de pistolet, c'était le bijoutier qui l'avait tiré... cette pluie, c'était le sang de la Carconte qui tombait goutte à goutte sur moi... Alors, je sortis à moitié de ma cachette, j'entendis les pas d'un homme qui marchait au-dessus de ma tête; ses pas faisaient craquer l'escalier... L'homme descendit, s'approcha de la cheminée et alluma une chandelle... C'était Caderousse!... je l'ai vu comme je vous vois... Il avait le visage pâle, la chemise ensanglantée... Il remonta, et j'entendis de nouveau au-dessus de ma tête ses pas rapides et inquiets... Puis il redescendit...

Il tenait l'écrin à la main ; il s'assura que le diamant était dedans, le roula dans son mouchoir rouge, qu'il tourna autour de son cou, puis courut à l'armoire où il avait enfermé son or et ses billets, les mit dans ses poches et disparut par la porte du jardin... Alors, tout devint clair à mes yeux... En ce moment, je crus entendre des gémissements... Le malheureux bijoutier pouvait ne pas être mort, peut-être était-il en mon pouvoir de lui porter quelque secours. Je saisis la chandelle, je m'élançai dans l'escalier, j'enjambai le cadavre de la Carconte, et j'entrai dans la chambre !... Je n'oublierai jamais ce que j'y vis... Deux ou trois meubles étaient renversés ; les draps, auxquels le malheureux bijoutier s'était cramponné, traînaient par la chambre ; sa tête, appuyée contre la muraille, nageait dans une mare de sang qui s'échappait de trois larges blessures reçues dans la poitrine. Dans la quatrième était resté un long couteau de cuisine dont on ne voyait que le manche. Je m'approchai du bijoutier, il n'était pas mort... Effectivement, au bruit que je fis, à l'ébranlement du plancher, il rouvrit des yeux hagards, parvint à les fixer un instant sur moi, remua les lèvres comme s'il voulait parler, et expira !... Cet affreux spectacle m'avait rendu presque insensé. Du moment que je ne pouvais plus porter secours à ce malheureux, je n'éprouvai plus qu'un seul désir, celui de fuir. Je me précipitai dans l'escalier en enfonçant mes mains dans mes cheveux et en poussant un rugissement de terreur !...

LE GREFFIER.

Bien, bien, continuez !...

BERTUCCIO.

Dans la salle inférieure, il y avait cinq ou six douaniers, trois ou quatre gendarmes, toute une troupe armée... On s'empara de moi, je n'essayai même pas de faire résistance, je n'étais plus le maître de mes sens... J'essayai de parler, je poussai des cris inarticulés, voilà tout !... Cependant je compris que l'on me prenait pour l'assassin. Je me dégageai des mains des hommes qui me tenaient, en criant : « Ce n'est pas moi !... ce n'est pas moi !... » Deux gendarmes me mirent en joue avec leur carabine... « Si tu fais un mouvement, dirent-ils, tu es mort ! — Mais, m'écriai-je, puisque je vous répète que ce n'est pas moi ! — Tu conteras cette histoire aux juges de Nîmes, me répondirent-ils ; en attendant, suis-nous, et, si nous avons un conseil à te donner, c'est de ne pas faire résistance... » Vous savez le reste.

LE GREFFIER.

Oui, nous comprenons, vous avez fait le coup avec l'aubergiste ; mais, plus adroit que toi, l'aubergiste s'est sauvé en emportant le magot ; alors, tu le charges, tu le dénonces, c'est tout simple.

BERTUCCIO.

Oh! je vous jure... Mon Dieu! mon Dieu! mais on n'a donc pas fait chercher M. Busoni?

LE GREFFIER.

Au contraire ; mais personne ne l'a vu, personne ne le connaît... Vous avez beaucoup d'imagination, vous autres Corses, et tu auras inventé un M. Busoni, comme tu as inventé le reste de cette histoire.

BERTUCCIO.

Dieu, qui m'entend et qui me voit, Dieu sait si je mens... Faites ce que vous voudrez, monsieur, j'ai dit la vérité !

SCÈNE II

Les Mêmes, BUSONI.

BUSONI.

Voulez-vous me laisser seul avec cet homme ?

BERTUCCIO.

Oh! mon dieu! c'est un miracle!

LE GREFFIER.

Seul avec cet homme ?

BUSONI.

Oui... Je suis accouru à franc étrier... J'avais appris qu'il désirait me parler.

BERTUCCIO.

Oh! oui, oui!... Depuis que je suis arrêté, je vous attends je vous appelle !

LE GREFFIER.

Mais c'est chose défendue, monsieur.

BUSONI.

Voici un permis du juge d'instruction.

LE GREFFIER.

« Laissez communiquer avec le prisonnier n° 15 M. Busoni... » Vous êtes...?

BUSONI.

M. Busoni... oui, monsieur.

LE GREFFIER.

La permission est en règle... Désirez-vous que nous assistions à l'entretien?

BUSONI.

Je désire lui parler seul.

(Le Greffier se retire.)

SCÈNE III

BUSONI, BERTUCCIO.

BERTUCCIO.

Monsieur, si vous êtes véritablement M. Busoni, vous savez que l'histoire du diamant est vraie?

BUSONI.

Je le sais.

BERTUCCIO.

Et, quoiqu'on m'ait trouvé tout ensanglanté dans la chambre du mort, ce n'est pas moi qui suis le coupable.

BUSONI.

Je le sais encore.

BERTUCCIO.

Alors, vous direz la vérité à mes juges?

BUSONI.

Oui.

BERTUCCIO.

Oh! bonheur!...

BUSONI.

Mais à une condition...

BERTUCCIO.

Laquelle?

BUSONI.

C'est que tu me la diras, à moi.

BERTUCCIO.

A vous?... Quelle vérité voulez-vous que je vous dise, puisque je ne suis pas coupable?

BUSONI.

Tu avais un frère ?

BERTUCCIO

Oui.

BUSONI.

Comment est-il mort ?

BERTUCCIO.

Pourquoi cette question ?

BUSONI.

Je te demande comment il est mort ?

BERTUCCIO.

Mais...

BUSONI.

Tu as promis de dire la vérité... Dis-la...

BERTUCCIO.

Vous me demandez comment ce frère est mort ?

BUSONI.

Je te le demande.

BERTUCCIO

Il est mort sur l'échafaud !

BUSONI.

Ah !... Et quel crime avait-il commis ?

BERTUCCIO.

Il n'avait pas commis de crime : il s'était vengé de son ennemi !

BUSONI.

En le tuant ?...

BERTUCCIO

En le tuant, oui !...

BUSONI.

Et, à tes yeux, ce n'est pas un crime de se venger de son ennemi !

BERTUCCIO.

Non, si on se venge après lui avoir déclaré la vendetta.

BUSONI.

Et pourquoi n'est-ce pas un crime ?

BERTUCCIO.

Parce qu'alors il est prévenu, et que c'est à lui de se garder.

BUSONI.

Et qu'ont dit les juges de ton frère de ce beau raisonnement, maître Bertuccio?

BERTUCCIO.

Ils l'ont condamné!...

BUSONI.

A tort, selon vous?

BERTUCCIO.

A tort!...

BUSONI.

Alors, selon vous, la mort de votre frère est un assassinat?

BERTUCCIO.

Oui!...

BUSONI.

Et, par conséquent, ses juges sont des assassins?

BERTUCCIO.

Oui!...

BUSONI.

En ce cas, pourquoi ne les avez-vous pas tués?

BERTUCCIO.

Je ne pouvais les tuer tous!

BUSONI.

Ce qui veut dire que vous avez fait un choix?

BERTUCCIO.

Oui!...

BUSONI.

Et l'un d'eux a payé pour les autres?

BERTUCCIO.

L'un d'eux a payé pour les autres.

BUSONI.

Lequel?

BERTUCCIO

M. de Villefort.

BUSONI.

Ah!... Et tu dis que tu l'as tué?

BERTUCCIO.

Oui!...

BUSONI.

Tu en es sûr?

BERTUCCIO.

J'ai senti le couteau entrer jusqu'au manche.

BUSONI.

Ce n'est pas une raison.

BERTUCCIO.

Je l'ai vu tomber...

BUSONI.

Ce n'est pas une raison encore.

BERTUCCIO.

J'ai entendu son dernier cri... C'était un cri suprême !...

BUSONI.

Bien, bien !... Vous comprenez, mon ami, peu m'importe à moi qu'il soit mort ou vivant. C'est votre opinion que je demande, voilà tout.

BERTUCCIO.

Mon opinion est qu'il est mort.

BUSONI.

Si cependant il vivait, ne craindriez-vous pas quelque poursuite ?

BERTUCCIO.

Non !...

BUSONI.

Comment, non ?... Vous assassinez un homme dont l'état est de faire punir les assassins, et, quand vous vous attaquez à lui-même, vous pensez qu'il aura moins de souci de sa vengeance qu'il n'en avait de celle des autres ?

BERTUCCIO.

Voulût-il me faire poursuivre, il n'oserait !

BUSONI.

Oh ! citoyen Bertuccio, il ne faudrait pas vous y fier !

BERTUCCIO.

Il n'oserait, vous dis-je.

BUSONI.

Expliquez-vous.

BERTUCCIO.

C'est un secret.

BUSONI.

Vous avez promis de n'en pas avoir pour moi.

BERTUCCIO.

Mais un secret terrible !...

BUSONI.

Raison de plus pour me le confier.

BERTUCCIO.

A vous?... Mais qui êtes-vous?

BUSONI.

Enfin, que vous importe qui je suis, pourvu que je vous sauve?

BERTUCCIO.

Vous le voulez?

BUSONI.

C'est une condition du marché... Pourquoi n'oserait-il pas vous poursuivre? Voyons.

BERTUCCIO.

Lorsque je l'ai frappé...

BUSONI.

Eh bien?...

BERTUCCIO.

Eh bien, il commettait un crime.

BUSONI.

Un crime!... En êtes-vous bien sûr, mon cher monsieur Bertuccio?... Cela ne me paraît pas probable, à moi.

BERTUCCIO.

J'en ai la preuve.

BUSONI.

Et quel crime commettait-il?

BERTUCCIO.

Il enterrait un enfant.

BUSONI.

Ce n'est pas là un grand crime, ce me semble

BERTUCCIO.

Non, si l'enfant eût été mort...

BUSONI.

Comment! l'enfant n'était pas mort?

BERTUCCIO.

Non, vous dis-je, non : il était vivant!

BUSONI.

Ah! ah! c'est autre chose, ceci... Et qu'est devenu cet enfant?

BERTUCCIO.

Je l'ai emporté.

BUSONI.

Pour quoi faire?

BERTUCCIO.

Comme une expiation.

BUSONI.

De sorte que vous avez élevé cet enfant

BERTUCCIO

Oui...

BUSONI.

Sous quel nom?

BERTUCCIO.

Sous celui de Benedetto Bertuccio... Je n'avais pas d'enfant, j'ai cru que la Providence m'envoyait celui-là

BUSONI.

Et il a prospéré, sans doute?

BERTUCCIO.

Ne parlons pas de lui.

BUSONI.

Au contraire, parlons-en... Il est en Corse?

BERTUCCIO.

Je ne sais pas où il est.

BUSONI.

L'auriez-vous perdu?

BERTUCCIO

Il s'est enfui...

BUSONI.

Comment cela?

BERTUCCIO.

Pour obéir à ses mauvais instincts, sans doute.

BUSONI.

Mais, en cherchant bien, vous pourriez retrouver cet enfant, ce me semble?

BERTUCCIO.

Je ne désire pas le retrouver.

BUSONI.

Eh bien, soit; vous me donnerez son signalement; je le chercherai pour vous.

BERTUCCIO.

Pourquoi cela?

BUSONI.

J'en ai besoin.

BERTUCCIO.

Monsieur, vous avez une intention que je ne puis comprendre ; vous marchez vers un but que je ne connais pas.

BUSONI.

Qu'as-tu besoin de comprendre mon intention ? quel intérêt as-tu de connaître mon but ?... Ce qui t'importe, n'est-ce pas, c'est que j'aille dire à tes juges que tu n'es pas coupable ? et j'y vais.

BERTUCCIO.

Mais vous allez revenir ?

BUSONI.

Parbleu !

(Il sort.)

SCÈNE IV

BERTUCCIO, seul.

Cet homme ne vient pas dans une bonne intention, cet homme n'agit pas dans un but de charité ; mais, il l'a dit, peu m'importe son intention, peu m'importe son but, il m'a promis de me sauver, et, pourvu qu'il me sauve, je n'ai rien autre chose à exiger de lui.

SCÈNE V

Un Geôlier, BENEDETTO, BERTUCCIO.

LE GEÔLIER.

Entre, serpenteau !

BENEDETTO.

Dites donc, dites donc, vous devriez bien au moins éclairer, chez vous.

BERTUCCIO, reconnaissant la voix de Benedetto.

Ah !

LE GEÔLIER.

Le beau malheur, quand tu te casserais le cou, méchant grinche !

BENEDETTO.

Charmant geôlier !... Dites donc, monsieur... monsieur le concierge ?...

12.

LE GEÔLIER.

Quoi?

BENEDETTO.

Est-ce qu'il n'y a personne autre dans l'appartement?... Il me semble bien grand pour moi seul

LE GEÔLIER.

Non, il y a un locataire.

BENEDETTO.

Un collègue?

LE GEÔLIER.

Mieux que cela...

BENEDETTO.

Bah ! il a...?

LE GEÔLIER.

Justement !

BENEDETTO.

Dites donc, voulez-vous me présenter à lui ?

LE GEÔLIER.

Bah! tu te présenteras bien tout seul...

BENEDETTO.

Vous croyez?... A propos, eh ! eh !... ne vous en allez donc pas comme cela, l'ami... A quelle heure le dîner?

LE GEÔLIER.

Dans une heure !

BENEDETTO.

Merci !

BERTUCCIO.

C'est lui ! le malheureux !

SCÈNE VI

BENEDETTO, BERTUCCIO.

BENEDETTO.

Bonjour, voisin !... Il paraît qu'il est sourd !... (Plus haut.) Bonjour, voisin !... Sourd et muet... Parlons-lui la langue de ce bon M. Sicard.

(Il fait des signes.)

BERTUCCIO.

Que veux-tu?

BENEDETTO.

Ah! je me trompais, il n'est que misanthrope!... Eh bien, notre ami, que vous est-il donc arrivé?

BERTUCCIO.

Hélas!

BENEDETTO.

Il gémit!... Ah! voilà ce que c'est que de porter des couteaux sur soi... La moutarde vous monte au nez, et puis... on en est fâché après; mais, bonsoir, il n'est plus temps!

BERTUCCIO, bas.

Oh! le malheureux!... arrivé là, à son âge!

BENEDETTO.

Il soupire! Diable! diable!

BERTUCCIO.

Et vous, pourquoi êtes-vous ici, mon ami?

BENEDETTO.

Oh! moi, pour des bêtises, des misères, des riens; d'ailleurs, je n'ai pas l'âge; trois mois dans une maison de correction, voilà tout...

BERTUCCIO.

Mais, enfin, qu'as-tu fait?

BENEDETTO.

Moi?... J'ai acheté un singe.

BERTUCCIO.

C'est-à-dire que tu l'as volé.

BENEDETTO.

Non pas, je l'ai bien acheté vingt francs. Seulement, j'ai emprunté vingt francs comme cela, sans les demander.

BERTUCCIO.

Et à qui?

BENEDETTO.

Au voisin Vasilio. Il faut vous dire que je suis Corse, né natif du village de Rogliano. J'avais mon père, un bonhomme de contrebandier... J'aurais pu être contrebandier comme lui; mais, ma foi, ça m'ennuyait... J'aime mieux me promener le jour et dormir la nuit... Dans l'état, il fallait se promener la nuit et ne pas dormir le jour... J'ai laissé là l'état, j'ai emprunté, comme je vous le disais, au voisin Vasilio une trentaine de francs; avec six francs, j'ai passé à Marseille; avec vingt francs, j'ai acheté un singe... ç'a toujours été mon ambition. Alors, j'ai dressé mon singe, un animal charmant, plein d'intelligence... Il montait aux persiennes et entrait dans les chambres; quand il y avait quelqu'un, il ôtait son chapeau aux locataires... quand il n'y avait personne, il prenait ce qu'il trouvait... Vous savez, les singes, ça aime ce qui reluit... eh bien, il prenait tout ce qui reluisait, mon singe.

BERTUCCIO.

Et c'est pour cela qu'on t'a arrêté?

BENEDETTO.

Ah ben, oui!... Malheureusement, ce maudit singe, il était gourmand comme un homme... Il trouve chez un naturaliste où il se promenait un papillon enfilé dans une épingle; il se figure que c'est quelque chose de bon à manger, il avale le papillon et l'épingle... Couic! plus de singe... J'ai été obligé de continuer le métier tout seul... Je me suis fait pincer... Mais, comme c'est la première fois, je demanderai pardon, j'intéresserai mes juges, et j'en serai quitte pour trois mois de prison... Peut-être bien même qu'il y aura quelque philanthrope qui m'adoptera...

BERTUCCIO.

Et, sorti de prison, tu comptes reprendre la même vie?...

BENEDETTO.

Un peu!

BERTUCCIO.

Mais sais-tu où cela te mènera, malheureux?...

BENEDETTO.

Oui, oui; mais, comme dit le proverbe italien

Che va piano, va sano,
E che va sano, va lontano.

BERTUCCIO.

De sorte que tu crois ainsi échapper au dernier châtiment?

BENEDETTO.

Mais oui!

BERTUCCIO.

Eh bien, tu te trompes, tu vas mourir!...

BENEDETTO.

Moi?

BERTUCCIO.

Oui, toi ! Me reconnais-tu ?

BENEDETTO.

Père Bertuccio !

BERTUCCIO.

Oui, père Bertuccio... qui ne veut pas que tu le déshonores par le vol, par la prison et par le bagne... En France, c'est la vendetta qu'on punit de mort... En Corse, c'est le vol.

BENEDETTO.

Mais, père Bertuccio, nous ne sommes pas en Corse....

BERTUCCIO.

N'importe ! nous sommes Corses tous deux... A genoux !...

BENEDETTO.

A genoux ! Pour quoi faire ? pourquoi voulez-vous que je me mette à genoux ?

BERTUCCIO.

A genoux, te dis-je, voleur !

BENEDETTO.

M'y voilà !

BERTUCCIO.

Fais ta prière !

BENEDETTO.

Je suis si troublé ! Mon Dieu, je ne m'en souviens plus

BERTUCCIO.

Répète alors ce que je vais te dire !

BENEDETTO.

Mais vous n'avez pas d'armes !

BERTUCCIO.

Répète !

BENEDETTO.

Ils ne vous ont pas laissé votre stylet !

BERTUCCIO.

« Mon Dieu, pardonnez-moi mes péchés... »

BENEDETTO.

Oh ! vous voulez m'étrangler avec cette chaîne !...

BERTUCCIO.

« Pardonnez-moi mes péchés... et le crime honteux de vol dont je me suis rendu coupable... » Répète, répète, ou, je te jure, tu mourras sans prière, et par conséquent sans miséricorde...

BENEDETTO.

Eh! vous n'avez pas le droit de me tuer! Vous n'êtes pas mon père!

BERTUCCIO.

Oh!

SCÈNE VII

Les Mêmes, BUSONI, le Geôlier.

BUSONI.

Eh bien, il dit la vérité, voilà tout! Vous n'avez pas le droit de tuer cet enfant, car vous n'êtes pas son père. Et puis ce serait dommage de l'arrêter en route; il promet trop, vous en conviendrez...

BERTUCCIO.

Seigneur, ayez pitié de moi!

BENEDETTO.

Tiens! d'où sort-il donc, celui-là? Merci, monsieur!

BUSONI, au Geôlier.

Éloignez momentanément cet enfant... Il est important que les deux prisonniers ne restent pas ensemble.

LE GEÔLIER.

Allons, viens par ici; nous avons une niche vide.

BENEDETTO.

Où vous voudrez, pourvu que ce ne soit pas avec monsieur.

SCÈNE VIII

BUSONI, BERTUCCIO.

BUSONI.

Ah çà! mon cher ami, que me disiez vous donc?

BERTUCCIO.

A quel propos, monsieur? car, en vérité, j'ai la tête perdue...

BUSONI.

Mais à propos de celui qui a fait condamner votre frère..

BERTUCCIO.

A propos de M. de Villefort?

BUSONI.

Oui.

BERTUCCIO.

Eh bien, je vous disais...

BUSONI.

Oui, que vous lui aviez enfoncé un poignard jusqu'au manche dans la poitrine...

BERTUCCIO.

Sans doute.

BUSONI.

Et que vous aviez entendu son dernier cri, c'est-à-dire son dernier soupir?

BERTUCCIO.

Après?

BUSONI.

Et que, par conséquent, il était mort!

BERTUCCIO.

Eh bien?

BUSONI.

Eh bien, vous vous trompiez, mon cher monsieur! vous vous trompiez du tout au tout!

BERTUCCIO.

Que dites-vous là!

BUSONI.

Je dis qu'il est vivant, et très-vivant...

BERTUCCIO.

Vivant?

BUSONI.

Oui.

BERTUCCIO.

Vous l'avez vu?

BUSONI.

Je l'ai vu.

BERTUCCIO.

Où cela?

BUSONI.

Ici.

BERTUCCIO.

A Nîmes?

BUSONI.

Au greffe.

BERTUCCIO.
Au greffe !... Et qu'y venait-il faire?

BUSONI.
Demander une permission pour vous voir.

BERTUCCIO.
Pour me voir... moi?

BUSONI.
Sans doute.

BERTUCCIO.
Me voir !... et dans quel but, me voir ?

BUSONI.
Dame, il est en tournée; peut-être on lui aura parlé de vous, et il désire vous entretenir.

BERTUCCIO.
Impossible !

BUSONI.
Impossible !... Eh ! parbleu ! tenez, le voilà !

BERTUCCIO.
Que dois-je faire ? Dites !

BUSONI.
Pas un mot de ce qu'est devenu l'enfant

BERTUCCIO.
Et vous me répondez... ?

BUSONI.
De tout !

BERTUCCIO
Alors, soyez tranquille !

SCÈNE IX

Les Mêmes, VILLEFORT, le Geôlier.

LE GEÔLIER.
Tenez, le voilà là-bas, au pied de la colonne.

VILLEFORT.
Bien... Laissez-moi seul avec lui.

BUSONI, à part, se retirant.
Ah ! Villefort, je crois que c'est ici comme chez Baville, et que tu arrives trop tard.

(Il sort.)

SCÈNE X

VILLEFORT, BERTUCCIO.

VILLEFORT.

Me reconnais-tu ?

BERTUCCIO.

Non.

VILLEFORT.

Regarde-moi bien.

BERTUCCIO.

Je vous regarde.

VILLEFORT.

Eh bien ?

BERTUCCIO.

Je ne vous reconnais pas.

VILLEFORT.

Je suis Gérard de Villefort !

BERTUCCIO.

C'est possible !

VILLEFORT.

Comment, c'est possible ?

BERTUCCIO.

Oui, je ne vous connais pas !

VILLEFORT.

Tu ne me connais pas ?

BERTUCCIO.

Non !

VILLEFORT.

Et la maison d'Auteuil, la connais-tu ?... le jardin de cette maison, t'en souviens-tu ?

BERTUCCIO.

Non !

VILLEFORT.

Et la nuit du 30 septembre, te la rappelles-tu ?

BERTUCCIO.

J'ai quarante-cinq ans; cette nuit est donc revenue déjà quarante-cinq fois passer dans ma vie : je ne me rappelle pas laquelle de ces nuits vous voulez dire.

VILLEFORT.

Je veux dire : le 30 septembre 1819, que faisais-tu ?

BERTUCCIO.

Je l'ai oublié.

VILLEFORT.

Eh bien, moi, je m'en souviens : tu assassinais un homme.

BERTUCCIO.

C'est possible !... Si j'ai assassiné un homme pendant cette nuit-là, vous en avez sans doute la preuve... Accusez-moi, condamnez-moi, exécutez-moi.

VILLEFORT.

Non, non, je ne veux rien de tout cela : je viens, au contraire, t'offrir un pacte.

BERTUCCIO.

Un pacte entre le glaive de la justice et la tête du coupable ?... Impossible ! Un homme aussi sévère que l'est M. de Villefort ne peut offrir une pareille chose ; impossible !

VILLEFORT.

Eh bien, écoute, ce n'est point comme magistrat que je viens ; je viens en ami.

BERTUCCIO.

Vous dites que vous avez fait exécuter mon frère, et vous venez en ami ? vous dites que je vous ai déclaré la vendetta, et vous venez en ami ? vous dites que j'ai voulu vous assassiner, et vous venez en ami ?... Impossible, encore une fois, impossible !...

VILLEFORT.

Me croirez-vous, si je vous offre la liberté ?

BERTUCCIO.

Je ne suis point coupable.

VILLEFORT.

La fortune ?

BERTUCCIO.

Je me trouve riche.

VILLEFORT.

Insensé, qui refuses tout cela, pour un mot qui ne te coûterait rien à me dire...

BERTUCCIO.

Eh bien, puisque vous le voulez absolument, je vais vous le dire, ce mot.

VILLEFORT.

Dis!

BERTUCCIO.

Le 30 septembre, à deux heures du matin, un homme sortit de la maison d'Auteuil, une lanterne dans une main, une bêche dans l'autre. Il posa sa lanterne à terre, creusa, avec la bêche, un trou dans le massif, et y déposa un coffre.

VILLEFORT.

Oui! oui!...

BERTUCCIO.

Mais, au moment où il le couvrait de terre...

VILLEFORT.

Au moment où il le couvrait de terre...?

BERTUCCIO.

Un assassin le frappa...

VILLEFORT.

Oui, oui!...

BERTUCCIO.

Et, croyant que le coffre renfermait un trésor, il l'emporta.

VILLEFORT.

Et ce coffre, il l'ouvrit?

BERTUCCIO.

Sans doute! il fallait bien qu'il vît ce qu'il y avait dedans.

VILLEFORT.

Et il y avait?...

BERTUCCIO.

Un enfant!

VILLEFORT.

Mort!

BERTUCCIO.

Vivant!

VILLEFORT.

Cet enfant, qu'est-il devenu?

BERTUCCIO.

Je ne sais pas.

VILLEFORT.

Comment, tu ne sais pas?

BERTUCCIO,

Non!

VILLEFORT.

Voyons, dis-moi ce qu'est devenu cet enfant!... Tu refuses de parler, parce que tu crois à une récompense commune, médiocre, misérable... Écoute, écoute! je te donnerai cinquante mille francs!... Tu ne réponds pas?... Tiens, il y a cent mille francs dans ce portefeuille, ils sont à toi... Parle... Où est cet enfant?... Tu ne réponds pas?... Eh bien, je te fais sortir de prison; viens avec moi, et ce que tu voudras, je le ferai!

BERTUCCIO.

Fais que mon frère vive.

VILLEFORT.

Oh! malheureux! tu sais bien que je ne suis pas un Dieu pour faire un pareil miracle; n'exige donc de moi que ce que peut faire un homme, et je le ferai... Cet enfant, où est-il? Je te le demande... je te le demande à genoux...

BERTUCCIO, à part.

Ah! mon frère, je crois que tu es mieux vengé que si je l'avais tué du coup.

VILLEFORT.

On vient! on vient!...

SCÈNE XI

Les Mêmes, le Geôlier, BUSONI, le Greffier.

LE GREFFIER, à Villefort.

Monsieur, il est inutile que vous continuiez d'interroger cet homme, il n'est pas coupable.

VILLEFORT.

Comment cela?

LE GREFFIER.

Non; le véritable assassin, le tailleur Caderousse, a été arrêté, et il avoue tout...

VILLEFORT.

De sorte que cet homme est libre?

BUSONI, à Bertuccio.

Vous voyez que je vous ai tenu parole.

BERTUCCIO.

Et moi aussi!

VILLEFORT.

Ah! j'en deviendrai fou!

ACTE CINQUIÈME

CINQUIÈME TABLEAU

Le cabinet de Morel.

SCÈNE PREMIÈRE

MOREL, JULIE, MADAME MOREL.

MADAME MOREL.

Eh bien, mon ami?...

JULIE.

Eh bien, mon père?...

MADAME MOREL.

Comme nous t'attendions avec impatience, mon Dieu !...

JULIE.

Ton voyage a-t-il été bon?...

MOREL.

Hélas !...

MADAME MOREL.

Tu ne nous dis rien, sinon que tu t'en vas, et tu nous laisses dans une inquiétude mortelle!...

JULIE.

N'as-tu donc plus confiance en nous, bon père ?

MOREL.

J'ai eu confiance en vous, pauvres amies, tant que j'ai eu de bonnes nouvelles à vous apprendre; mais à quoi bon vous faire partager mes espérances, quand toutes mes espérances, maintenant, se changent en désappointements et en douleurs ?...

MADAME MOREL.

Mais enfin, ce voyage?...

MOREL.

Inutile, comme tout ce que j'ai fait; infructueux, comme tout ce que j'ai tenté!...

MADAME MOREL.

Comment, ce Danglars, qui nous doit sa fortune, puisque c'est nous qui lui avons avancé ses premiers fonds...?

MOREL.

Ah! il y a si longtemps de cela!...

JULIE.

Mon père, peut-être lui-même est-il dans l'impossibilité...

MOREL.

Danglars est millionnaire : un mot de lui m'ouvrait un crédit; il m'a refusé ce mot!...

MADAME MOREL.

De sorte que...?

MOREL.

De sorte que c'est aujourd'hui le 5 septembre, et qu'il est dix heures du matin!...

JULIE.

Où vas-tu, bon père?...

MOREL.

Dans ma chambre...

JULIE.

Que faire?...

MOREL.

Chercher un papier dont j'ai besoin, mon enfant!...

JULIE.

Veux-tu que je l'aille chercher, moi?...

MOREL.

Merci!... A propos, Julie?...

JULIE.

Plaît-il, mon père?...

MOREL.

Rends-moi la clef de ce cabinet...

JULIE.

Mon Dieu! qu'ai-je fait de mal pour que vous me repreniez cette clef?...

MOREL.

Rien, mon enfant!...

JULIE.

Vous ne me la repreniez, autrefois, que lorsque vous vouliez me punir...

MADAME MOREL, bas, à sa fille.

Ne la rends pas!...

JULIE.

Mon père, elle est dans ma chambre, je vais l'aller chercher!...

MOREL.

Va!...

JULIE.

Oui, j'y vais, j'y vais!...

MOREL.

Et toi, rentre chez toi, ma bonne amie : tu sais que j'ai l'habitude d'être seul ici...

MADAME MOREL.

Nous nous en allons, mon ami.

(Morel sort.)

SCÈNE II

JULIE, MADAME MOREL.

JULIE.

Ma mère !...

MADAME MOREL.

Mon enfant !...

JULIE.

Ne trouvez-vous pas quelque chose d'étrange dans la façon dont mon père nous parle ?...

MADAME MOREL.

Voilà pourquoi je te disais de ne pas lui rendre cette clef !... Mon Dieu, que peut-il faire dans cette chambre ?...

JULIE.

Entrez-y !...

MADAME MOREL.

Je n'ose... N'as-tu pas entendu qu'il nous a défendu, non-seulement de l'y suivre, mais encore de demeurer ici ?

JULIE.

Attendez !...

MADAME MOREL.

Que fais-tu ?

JULIE.

Je vais regarder par le trou de la serrure.

MADAME MOREL.

Est-il dans la chambre ?

JULIE.

Oui!

MADAME MOREL.

Que fait-il?

JULIE.

Il écrit.

MADAME MOREL.

Peux-tu distinguer sur quel papier?

JULIE.

On dirait sur du papier timbré.

MADAME MOREL.

Oh! mon Dieu!

JULIE.

Quoi?

MADAME MOREL.

Écrirait-il son testament?...

JULIE.

Oh! que dites-vous là!...

MADAME MOREL.

Seigneur, envoyez-nous quelque bonne pensée!

JULIE.

Écoutez, ma mère; peut être ai-je eu tort...

MADAME MOREL.

Qu'as-tu fait?...

JULIE.

Quand j'ai vu, avant-hier, que mon père ne revenait pas, et ne nous donnait pas de ses nouvelles...

MADAME MOREL.

Eh bien?

JULIE.

J'ai écrit à Maximilien...

MADAME MOREL.

De venir?

JULIE.

Oui...

MADAME MOREL.

Ah! c'est une inspiration du ciel!... La voiture de Nîmes arrive à dix heures précises, je crois?...

JULIE.

Oui, ma mère... et il est dix heures passées... Descendez, ma mère... Attendez-le, prévenez-le...

MADAME MOREL.

Tu restes, n'est-ce pas?

JULIE.

Oui, soyez tranquille!...

SCÈNE III

JULIE puis EMMANUEL.

JULIE.

Il écrit toujours... Ah! il a fini, il signe, il met le papier dans une enveloppe, et la met dans le tiroir du secrétaire... Pauvre père! on dirait qu'il s'essuie les yeux, qu'il pleure!... Mon Dieu, mon Dieu! est-il possible que mon bon père pleure, et que vous ne m'envoyiez pas un moyen de le consoler, de le secourir, de venir à son aide?... Oh! c'est impossible... Vous le voyez, mon Dieu! je vous prie, je vous supplie!...

EMMANUEL, paraissant.

Mademoiselle!...

JULIE.

Qu'y a-t-il?

EMMANUEL.

Un étranger vient de me remettre cette lettre, en recommandant qu'elle ne soit ouverte que par vous seule!...

JULIE.

Que par moi seule!...

EMMANUEL.

Il a dit qu'il s'agissait de la vie de votre père!...

JULIE.

De la vie de mon père?... Donnez!... donnez!... (Lisant.) « Rendez-vous à l'instant même aux allées de Meilhan; présentez-vous au nº 15, demandez à la concierge la clef de la chambre du cinquième; entrez dans cette chambre, prenez, sur le coin de la cheminée, une bourse en filet de soie rouge, et apportez cette bourse avant onze heures... Si une autre personne que vous se présentait, ou si vous vous présentiez accompagnée, le concierge répondrait qu'il ne sait pas ce que vous voulez dire... » Pas de signature...

EMMANUEL.

Vous allez donc aller où cette lettre vous dit?

JULIE.

Certainement que j'y vais !

EMMANUEL.

Laissez-moi vous accompagner, au moins !

JULIE.

N'avez-vous pas entendu ?... « Si une autre personne que vous se présentait, ou si vous vous présentiez accompagnée, le concierge répondrait qu'il ne sait pas ce que vous voulez dire... »

EMMANUEL.

Mon Dieu ! s'il allait vous arriver malheur !... si c'était quelqu'un qui vous en voulût !...

JULIE.

Qui pourrait en vouloir à une pauvre jeune fille comme moi ? Ai-je jamais fait du mal à personne ?

EMMANUEL.

Vous avez raison... Allez et que Dieu vous conduise !

JULIE.

Voilà mon frère.,. voilà ma mère... Silence, Emmanuel !...

(Elle sort.)

SCÈNE IV

MADAME MOREL, MAXIMILIEN, EMMANUEL.

MAXIMILIEN.

Eh bien, oui, ma mère, me voilà ! calmez-vous ! Mais où donc est Julie ?

MADAME MOREL.

Elle était ici, je l'ai laissé ici...

EMMANUEL.

Oui, madame, c'est vrai ; mais elle vient de sortir.

MADAME MOREL.

De la chambre, mais pas de la maison ?

EMMANUEL.

Au contraire, madame, de la maison, à ce que je crois.

MAXIMILIEN.

Eh bien, qu'y a-t-il donc d'effrayant à cela, ma mère ?...

MADAME MOREL.

Rien ; mais, en ce moment, vois-tu, tout m'effraye, tout

m'épouvante... Emmanuel, laissez-nous, et, si Julie rentre, dites-lui de nous venir rejoindre à l'instant même.

EMMANUEL.

Oui, madame.

SCÈNE V

MADAME MOREL, MAXIMILIEN.

MAXIMILIEN.

Maintenant que nous voilà seuls, dites-moi, ma mère, je vous en supplie, pourquoi ma sœur m'a écrit cette lettre si pressante... et vous-même pourquoi vous me recevez avec ces hésitations, ces frissonnements et ces larmes?...

MADAME MOREL.

Il y a, mon fils, que c'est aujourd'hui le 5 septembre, que c'est aujourd'hui jour d'échéance, et qu'aujourd'hui ton père doit payer... Mais... silence! je l'entends qui vient... Cache-toi là, et ne le perds pas de vue... J'ai peur qu'il n'ait quelque mauvais dessein.

MAXIMILIEN.

Mon Dieu! mon Dieu!...

MADAME MOREL.

Le voilà!

SCÈNE VI

MOREL, MADAME MOREL, MAXIMILIEN, caché.

MOREL.

Encore ici! j'avais prié qu'on laissât ce cabinet libre!...

MADAME MOREL.

Je me retire, mon ami, tu le vois.

MOREL.

Où est Julie?

MADAME MOREL.

Mais elle est là, sans doute... Veux-tu que je l'appelle?

MOREL.

Non, cela est mieux ainsi... Va, va...

(Elle sort; il ferme la porte à double tour, va à son bureau, s'assied, tire une paire de pistolets de dessous sa redingote.)

MAXIMILIEN, s'avançant.

Mon père, pourquoi ces pistolets?

MOREL.

Maximilien!... mon fils!... Il ne me manquait que ce dernier coup!...

MAXIMILIEN.

Ces armes, mon père!... Au nom du ciel, pourquoi ces armes?...

MOREL, relevant la tête et regardant son fils.

Maximilien, tu es un homme, et un homme d'honneur... Je vais te le dire. (Lui montrant le registre.) Regarde...

MAXIMILIEN.

Quoi?

MOREL.

Dans une demi-heure, j'ai à payer deux cent quatre-vingt-sept mille cinq cents francs... Je possède en tout quinze mille cinq cents francs; regarde, l'arrêt des chiffres est irrévocable... Je n'ai rien à y ajouter.

MAXIMILIEN.

Et vous avez tout fait, mon père, pour aller au-devant de ce malheur?

MOREL.

Oui...

MAXIMILIEN.

Vous ne comptez sur aucune rentrée?

MOREL.

Sur aucune.

MAXIMILIEN.

Vous avez épuisé toutes vos ressources?

MOREL.

Toutes!...

MAXIMILIEN.

Et, dans une demi-heure, notre nom est déshonoré?...

MOREL.

Le sang lave le déshonneur.

MAXIMILIEN

Vous avez raison, mon père, et je vous comprends... (Étendant la main vers les pistolets.) Il y en a un pour vous, il y en a un pour moi... Merci...

MOREL.

Et ta mère... ta sœur... qui les nourrira ?

MAXIMILIEN.

Mon père, songez que vous me dites de vivre?

MOREL.

Oui, je te le dis, car c'est ton devoir... Tu as l'esprit calme et fort, Maximilien... Maximilien, tu n'es pas un homme ordinaire... Je ne te commande rien, je ne t'ordonne rien ; seulement, je te dis: Examine la situation comme si tu y étais étranger, et juge-la toi-même.

MAXIMILIEN, détachant ses épaulettes.

C'est bien, mon père... Je vivrai.

MOREL, le pressant sur son cœur.

Ah! tu sais qu'il n'y a point de ma faute...

MAXIMILIEN.

Je sais, mon père, que vous êtes le plus honnête homme que j'aie jamais connu.

MOREL.

C'est bien, tout est dit... Maintenant, retourne près de ta mère et de ta sœur.

MAXIMILIEN, fléchissant le genou.

Mon père, bénissez-moi !

MOREL, embrassant deux ou trois fois son fils au front.

Oh! oui, oui, je te bénis en mon nom et au nom de trois générations d'hommes irréprochables!... Écoute donc ce qu'ils te disent par ma voix: L'édifice que le malheur a détruit, la Providence peut le rebâtir; en me voyant mort d'une pareille mort, les plus inexorables auront pitié de toi... A toi, peut-être, on donnera le temps qu'on ne m'eût point donné... Alors, mon fils, tâche que le mot infâme ne soit point prononcé... Mets-toi à l'œuvre, travaille, jeune homme, lutte ardemment et courageusement... Vivez, toi, ta mère et ta sœur, du strict nécessaire, afin que, jour par jour, le bien de ceux à qui je dois s'augmente et fructifie entre tes mains... Songe que ce sera un beau jour, un grand jour, un jour solennel, que celui de la réhabilitation ; que le jour où, dans ce même bureau, tu diras : « Messieurs, mon père est mort parce qu'il ne pouvait pas faire ce que je fais aujourd'hui ; mais il est mort tranquille et calme, parce qu'il savait en mourant que je le ferais !... »

MAXIMILIEN.

Oh! mon père! mon père! si cependant vous pouviez vivre!...

MOREL.

Non, non; car, si je vis, tout change : l'intérêt devient du doute... la pitié, de l'acharnement... Si je vis, je ne suis plus qu'un homme qui a manqué à sa parole, qui a failli à ses engagements, je ne suis plus qu'un banqueroutier... Enfin, si je meurs, au contraire, songes-y, Maximilien, mon cadavre est celui d'un honnête homme malheureux. Vivant, mes meilleurs amis évitent ma maison! mort, Marseille tout entier me suit en pleurant jusqu'à ma dernière demeure... Vivant, tu as honte de mon nom ! mort, tu lèves haut la tête et tu dis : « Je suis le fils de celui qui s'est tué parce que pour la première fois il a manqué à sa parole !... »

MAXIMILIEN.

Mon père ! mon père !...

MOREL.

Maintenant, laisse-moi seul, et tâche d'éloigner les femmes.

MAXIMILIEN.

Ne voulez-vous pas revoir ma sœur, mon père?

MOREL.

Je l'ai vue ce matin, et je l'ai embrassée.

MAXIMILIEN.

N'avez-vous pas quelques recommandations particulières à me faire?

MOREL.

Si fait, mon fils, une recommandation sacrée...

MAXIMILIEN.

Dites !

MOREL.

La maison Thompson et French est la seule qui ait eu pitié de moi... Son mandataire, celui-là même qui, dans dix minutes, se présentera pour toucher le montant d'une traite de deux cent quatre-vingt-sept mille francs, je ne te dirai pas m'a accordé... mais m'a offert trois mois... Que cette maison soit remboursée la première, mon fils... que cet homme te soit sacré !

MAXIMILIEN.

Oui, mon père.

MOREL.

Et maintenant, encore une fois... adieu !... Tu trouveras mon testament dans le secrétaire de la chambre à coucher.

MAXIMILIEN, s'arrêtant.

Ah ! ah ! mon Dieu ! mon Dieu !...

MOREL.

Écoute, Maximilien... suppose que je sois soldat comme toi, que j'aie reçu l'ordre d'emporter une redoute, que tu saches que je dois être tué en l'emportant... ne me dirais-tu pas : « Allez, mon père, car vous êtes déshonoré en restant... et mieux vaut la mort que la honte ? »

MAXIMILIEN.

Oui, oui !... Allez, mon père !...

(Il s'élance hors de l'appartement.)

SCÈNE VII

MOREL, puis JULIE.

MOREL.

Et maintenant, mon Dieu ! nous voilà face à face !...

(Il prend un pistolet; l'heure sonne.)

JULIE.

Mon père! mon père! vous êtes sauvé!...

MOREL.

Mon Dieu!... Quoi?... qu'y a-t-il?...

JULIE.

Cette bourse!... cette bourse!... Voyez!...

MOREL.

Ma traite acquittée!... un diamant!... « Dot de Julie. » Que veut dire cela?... Voyons, mon enfant, explique-toi... Où as-tu trouvé cette bourse?

JULIE.

Dans une maison des allées de Meilhan, au n° 15, sur le coin de la cheminée d'une pauvre petite chambre au cinquième étage.

MOREL.

C'était la chambre du vieux Dantès... Cette bourse, c'est celle que je lui laissai la veille de sa mort...

JULIE.

Tenez, lisez...

MOREL.

Qu'est-ce?

JULIE.

Une lettre qu'un étranger m'a fait remettre ce matin.

MOREL, lisant.

« Rendez-vous à l'instant même aux allées de Meilhan; présentez-vous au n° 15; demandez à la concierge la clef de la chambre du cinquième; prenez sur le coin de la cheminée une bourse en filet de soie rouge, et apportez cette bourse à votre père. Il est important qu'il ait cette bourse avant onze heures. »

SCÈNE VIII

LES MÊMES, MAXIMILIEN, puis EMMANUEL.

MAXIMILIEN.

Mon père, que me disiez-vous donc que *le Pharaon* était perdu ?

MOREL.

Hélas !...

EMMANUEL.

Monsieur Morel !... *le Pharaon !... le Pharaon !...*

MOREL.

Êtes-vous fous ?...

EMMANUEL.

Monsieur, je vous dis qu'on signale *le Pharaon*.

MOREL.

Allons, mes enfants, allons voir... Et que Dieu ait pitié de nous si c'est une fausse nouvelle !

———

SIXIÈME TABLEAU

Le port de Marseille. — Toute la population est sur le quai ; un vaisseau entre à pleines voiles dans le port.

—

SCÈNE UNIQUE

JULIE, MOREL, EMMANUEL, MAXIMILIEN, DANTÈS, PEUPLE.

TOUS.

Le Pharaon !... le Pharaon !...

MOREL, au milieu de sa famille.

Mes enfants, il y a miracle !...

DANTÈS, dans un coin du port.

Sois heureux, noble cœur!... sois béni, surtout, pour tout le bien que tu as fait et que tu feras encore... et que ma reconnaissance reste dans l'ombre comme ton bienfait!...

FIN DU TOME DOUZIÈME

TABLE

	Pages
MONTE-CRISTO (Première partie)	1
MONTE-CRISTO (Deuxième partie)	133

www.ingramcontent.com/pod-product-compliance
Lightning Source LLC
Chambersburg PA
CBHW061958180426
43198CB00036B/1448